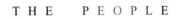

THE　PEOPLE

더 피플

운을 끌어당기는 나와 타인의 해석

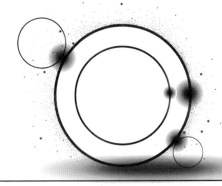

김동완 지음

THE PEOPLE

21세기북스

1부 ┌─────────────────────┐
사람을 읽다

1장   나와 당신을 유형으로 이해하는 MBTI

2장   내면의 나침반이 되는 에니어그램

2부

관계를 다스리다

1장 　지금, 여기에서 길을 찾는 해결사들

2장 　따뜻한 세상을 만들어가는 조력가들

3장   새로운 가능성에 도전하는 분석가들

4장   꿈과 사람을 연결하는 이상주의자들

운명의 틀에 갇히지 말고
한계를 넘어서라

성격은 삶의 질에
지대한 영향을 미친다

가정이나 사회의 조직 생활 속에서 갈등을 겪는 이유 중 대부분은 인간관계 때문일 것이다. 이혼의 사유도 '성격 차이'가 가장 많듯 인간관계에서 겪는 많은 문제가 바로 성격의 다름에서 기인한다.

성격性格, *personality*은 원래 심리학 용어이지만 생활 속에서 흔히 사용되고 있다. 우리가 사회 속에서 다양한 관계를 맺어가는 가운데 '성격'은 매우 중요한 요소 중 하나다.

학자에 따라 다양하게 정의되고 있지만 대체로는 한 개인의 내면에서 비교적 안정되게 존속하고 어느 정도는 유전과 학습의 영향도 받는 독특한 특성을 말한다. 개인의 전체적인 심리 체계의 성장과 발전을 의미하는 동시에 사회적으로는 사회적 기술, 사회적 효율성으로 받아들여지는 개념이다.

그래서 많은 심리학자나 정신과 의사들은 사람을 이해하는 가장 훌륭한 도구라고 할 수 있는 성격 심리에 대해 꾸준한 연구를 거듭해 왔다. MBTI, 에니어그램, BIG5, 사상 체질, 사주명리학, 성명학 등을 통한 성격 심리 분석 방법도 여기에 해당한다. 전문가뿐 아니라 일반인들도 성격에 대한 호기심을 바탕으로 다양한 심리 검사 방법을 활용하고 있는데 이를테면 혈액형, 별자리, 관상학 등이 있다. 이 중에는 체계적인 연구 방법을 통한 임상을 거친 학설도 있고 그렇지 못한 경우도 있지만, 많은 사람이 흥미와 관심을 가지고 있는 분야라는 것만은 분명하다.

자신이나 타인의 성격에 대해 그 특징이나 장점, 단점, 보완할 점 등을 인지하는 것은 자신을 비롯해 타인을 이해하고 관계를 형성하는 데 있어 매우 큰 도움이 된다. 〈손자병법〉에서는 '지피지기(知彼知己) 백전불태(百戰不殆)', 즉 적을 알고 자신을 알면 백번 싸워도 위태롭지 않다고 했다. 이는 대인 관계에서도 매우 유용한 전략이다.

누군가와 관계를 맺고자 할 때 상대의 성격에 대해 관심을 갖고 서로의 다름을 이해하고 존중하며, 내 성격과 어떻게 어울리거나 부딪칠 수 있는지 파악한다면 많은 인간관계가 훨씬 원활하게 이루어질 것이다. 성격을 이해함으로써 그 사람이 어떤 상황에서 보여줄 만한 행동도 미리 짐작할 수 있고, 갈등 상황을 해결해나가는 방식의 차이에 대해서도 이해할 수 있게 된다. 이처럼 현명한 관계 맺음을 통해 인간관계가 편안해지면 사회적인 동물인 인간의 삶 역시 궁극적으로 한층 밝고 평온해진다.

특히 성격에 대한 이해를 토대로 아이들의 적성과 진로를 보다 정확하게 파악하고 어릴 적부터 자신의 능력을 개발할 수 있게 한다면 어른이 되었을 때 더욱 잘 맞는 직업을 선택하며 즐겁게 일하는 삶을 살아갈 수 있다. 자신에게 맞는 직업을 선택하는 것이 얼마나 삶을 윤택하고 행복하게 만들어주는지는 직업을 가져본 성인이라면 모두 공감할 것이다. 자신에게 맞지 않는 진로를 부모나 선생님에게 강요당해 방향 설정을 잘못하게 되면 평생 여러 직업을 전전하며 삶의 만족도가 극도로 떨어질 수 있다. 자신의 성격을 이해하고 그에 맞는 직업을 찾아나가는 것이 삶 전체에 미치는 영향은 그만큼 지대하다.

인간의 내면은 깊고 복잡하지만 MBTI, 에니어그램, BIG5, 성명학, 사주명리학 등의 다양한 도구와 학문을 활용한다면 개개인의 특징과 성격을 어느 정도 예측하는 것도 불가능하지 않다. 다만 이때 꼭 기억해야 하는 사실은 세상에 좋은 성격과 나쁜 성격은 없다는 점이다. 어떤 사람이 사과를 좋아하지만 망고를 싫어한다고 해서 망고가 나쁜 과일이라고 할 수 없는 것처럼, 성격은 각기 다른 과일과 같이 각기 다른 특성을 가지고 있을 뿐이다. 사람마다 외모가 다른 것처럼 성격도 마찬가지다.

결론적으로 우리가 이처럼 다양한 성격의 유형과 차이를 이해해야 하는 이유는 나에게 맞는 삶의 방향성을 설정할 수 있을 뿐만 아니라 삶의 전반적인 요소들을 보다 통찰력 있고 입체적으로 이해할 수 있기 때문이다. 이를 위해서는 무엇보다 자기 자신이 누구인지 알아야 한다. 이 책에서는 MBTI, 에니어그램, BIG5 등 서양의 심리 검사 방법 및 유형별 특징과 함께 동양의 사주팔자와 성명학의 상관관계를 함께 다루었다. 성격에 대한 폭넓은 관점과 이해를 통하여 우리는 더욱 성장하고 만족도 높은 삶을 살아갈 뿐 아니라 자신의 앞날을 더욱 주도적으로 이끌어갈 수 있을 것이다.

개인화된 세상에서도
우리는 여전히 서로가 궁금하다

요즘에는 처음 만나는 사람들과의 모임이나 소개팅에서 서로를 소개할 때 MBTI부터 묻고 밝히는 경우가 많아졌다. 그만큼 실생활에서 MBTI와 같은 성격 유형 검사가 친숙한 소재가 되었고, 서로에 대해 쉽고 빠르게 파악하는 방법으로 활용되고 있다. 원래는 심리학에서 다루던 성격 유형 검사가 이처럼 일상에서까지 큰 주목을 받게 된

이유가 무엇일까?

성격 유형 검사는 기본적으로 자신의 강점이나 약점을 객관적으로 이해할 수 있는 도구다. MBTI, 에니어그램, BIG5 등의 검사법이나 동양의 사주명리학도 마찬가지로 각기 다른 접근 방식을 통해 우리가 가지고 있는 성향에 대해 파악하고 삶의 방향성을 찾아갈 수 있도록 돕는 역할을 한다. 자기 이해를 통해 약점과 강점을 객관적으로 발견하고 성장 가능성을 모색하며 부족한 점을 보완해 균형을 맞출 수 있는 유용한 지표가 되어주는 것이다.

구체적으로 들여다보면 각각의 원리나 특성은 조금씩 다르다. MBTI의 경우는 사람의 성격을 유형화하여 타인과의 관계에서 각자의 사고방식이나 행동 패턴을 예측할 수 있도록 도와준다. 에니어그램은 주로 내적 동기와 욕구에 집중하고, 성장 과정이나 스트레스 상황에서는 다른 유형의 특성이 나타날 수 있다는 점을 반영하도록 구성되어 있다. BIG는 다섯 가지의 주요 성격 특성을 측정하여 통계적으로 설명하는데 고정된 유형보다는 성격의 가변성과 유연성을 바탕으로 하여 자신에 대한 통찰력을 높여준다. 사주명리학과 성명학의 경우는 동양 철학을 바탕으로 성격, 특성, 기질, 직업 적성을 분석하여 인생의 흐름을 들여다보고 중요한 시기에 더 나은 결정을 내릴 수 있도록 방향성을 제시해 준다.

이러한 도구를 통해서 우리는 자신이 어떤 사람과 잘 어울리고 어떤 상황에서 스트레스를 받는지, 또 어떤 환경에서 집중력이 향상되는지 등 막연하게 느끼던 부분을 비교적 명확하게 파악할 수 있다. 즉 자신의 성장 방식이나 진로, 인간관계, 스트레스 대처법 등에 대한 구제척인 방향을 탐색하고 삶의 질을 높이는 데 실질적인 도움을 받게 된다.

원래도 새해에 사주를 보면서 그해 운의 흐름이나 인간관계를 궁금해하는 사람들이 많았지만 최근 성격 유형 검사가 유독 인기를 끌고 있는 데에는 사회적인 분위기의 변화도 작용했을 것으로 보인다.

SNS나 문자 등의 비대면 소통 방식이 늘어나면서 특히 MZ 세대를 중심으로 대면 커뮤니케이션에 대한 기피 현상이 확대되고 있다. 대면 소통이 줄어들다 보니 인간관계에서 오해나 갈등을 겪기 쉬워지고, 그러면서 사람과의 상호작용에 대한 두려움도 높아지는 악순환이 반복된다. 또한 빠르게 변화하는 현대 사회에서 사람들은 다양성을 인정받지 못하고 자신의 의견 표출이 이분법적인 극단적 유형으로 분류되는 것에 대한 위기감을 느끼기도 한다.

이러한 사회 분위기 속에서 전반적으로 개인주의 성향이 높아지고 있지만 그렇다고 해서 인간관계 속에서 상대방을 이해하고 소통하고자 하는 욕구가 사라진 것은 아니다. 깊은 관계를 맺을 기회가 줄어든 사회 분위기 속에서도 여전히 우리는 서로를 이해하고 또 이해받고자 하는 욕구가 있다. 이때 자신뿐 아니라 타인의 성향에 대해 다양성을 파악하고 존중하는 방법 중의 하나로 성격 유형 검사가 유용하게 활용된다. 이를 통해 같은 상황에서도 다르게 행동하는 상대방을 이해할 수 있게 되고, 갈등 상황을 미리 예상하여 대처할 수도 있다. 특히 AI와 비대면 커뮤니케이션이 발달하면서 깊은 관계 형성과 소통은 미래 사회에서 더욱 중요한 역량으로 꼽히게 됐다.

즉 성격 유형 검사나 사주명리학, 성명학 등의 학문은 자신을 깊게 이해하고 성장시키는 데 도움을 주는 동시에 사회 속에서 관계를 형성하고 서로를 존중할 수 있도록 방향성을 제시해준다고 할 수 있다. 이는 단순히 유행에 그치는 것이 아니라 개인화된 사회일수록 다양하게 활용 가능한 도구이자, 삶의 질을 높이고 더욱 행복하게 살아갈 수 있는 힌트와 기회를 제시해주는 지침서이기도 하다.

인간의 본성을 이해하고
성장하기 위한 동서양 철학

한국에서는 많은 사람이 서양의 학문은 타당하다고 보는 반면 동양의 학문은 다소 미신에 가깝다고 보는 경향이 있다. 학자들조차 동양의 학문을 경시해야 자신의 권위가 드러난다고 여기는 분위기가 적지 않다. 하지만 서양 심리학의 권위자이기도 한 칼 융의 자서전을 읽어보면 동양 학문을 불신하는 태도에 대해 부끄러운 마음이 들 것이다.

그는 자신의 자서전에 이런 글을 남겼다. "내가 동양 학문을 하는 것은 동양 사람들을 위한 것도 아니요, 동양 학문을 이해하기 위해서도 아니다. 우리, 즉 서양 사람들을 위한 것이다." 동양에서 서양의 학문을 좇기에 급급할 때 오히려 칼 융은 동양의 학문을 배워 서양의 것으로 만들기 위해 노력한 것이다. 그는 동양의 요가나 선, 〈주역〉 등을 연구하고 발전시켜 서양 심리학의 뿌리를 튼튼하게 하고 심리학을 한 단계 발전시켰다.

MBTI에 이론적인 기초를 제공한 인물인 칼 융은 동양 철학에 대해 관심이 많았고 특히 〈주역(周易)〉에서 많은 영향을 받았다고 알려져 있다. 그는 〈주역〉이 단순한 점술책이 아니라 인간의 내면과 우주의 원리를 담고 있다고 보았다. 특히 음양(陰陽)의 개념을 접하면서 '무의식과 의식', '남성성과 여성성'과 같은 대립된 개념이 상호 보완적인 관계에 있다는 사실을 발견했다. 그리고 이러한 대립적 개념이 서로를 보완하여 균형을 이루고 있다는 사실에 주목했다.

칼 융은 이러한 〈주역〉에 영향을 받아 이후 사람의 심리 유형을 '외향형-내향형', '사고형-감정형', '감각형-직관형'으로 구분했고, 이는 나중에 MBTI의 토대가 되었다. 전혀 관련 없이 발전해왔을 것 같은 동양의 학문과 서양의 이론에 이와 같은 연결고리가 존재했던 것이다. 칼 융은 추후 제임스 레게와 리하르트 빌헬름의 〈주역〉 번역본 서문을 쓰기도 했는데, 여기에서 〈주역〉이 서양의 이성적 접근법에서 간과하기 쉬운 인간의 심리와 우주의 질서 사이의 상호작용을 이해하는 데 중요한 역할을 한다고 언급하기도 했다.

재미있게도 에니어그램 역시 서양이 아니라 중동과 아시아에 영향을 받아 시작되었다고 알려져 있다. 에니어그램은 특히 아프가니스탄의 관상학에서 큰 영향을 받았다. 약 2000년 전에 선교를 하러 간 목회자들은 아프가니스탄에서 사람의 얼굴과 표정 등을 보고 성격이나 기질을 읽어내는 관습을 알게 되었다. 그들은 이를 기독교적 개념으로 접근하여 하나님이 주신 아홉 가지 '달란트talent'로 해석하기 시작했다. 그래서 지금도 에니어그램은 심리 상담에서 사용될 뿐 아니라 성당과 교회에서 목회 상담으로 활용되기도 한다.

BIG5에서 다섯 가지의 성격 요인이 상호작용한다고 보며 이를 스펙트럼으로 설명하는 방식 역시 동양 철학의 음양오행론과 상통하는 면이 있다. 사주명리학에서는 목, 화, 토, 금, 수의 각 요소가 그 정도에 따라 사람의 성격과 기질을 형성한다고 분석한다. 이처럼 사람의 성격이 고정된 것이 아니라 서로 영향을 미치며 균형을 이루어간다는 관점은 BIG5의 개념과도 유사하다고 해석할 수 있다.

서양의 성격 검사 방법이 주로 심리적인 경향과 행동 패턴을 측정하여 분석한다면, 사주명리학과 성명학 같은 동양의 학문은 우주와 자연의 질서 속에서 인간이 타고난 에너지가 상호작용하는 방식에 대해 탐구한다. 이름, 생년월일과 태어난 시간, 음양오행을 바탕으로 개인이 타고난 에너지를 분석하여 주변 환경과 어떻게 조화를 이룰 수 있는지 이해하고, 삶에서 중요한 시기와 선택에 대한 통찰을 제공하는 것이다.

접근 방식은 각기 다르지만 이렇게 분석한 심리학의 성격 유형이나 사주명리학·성명학 사이에는 서로 유사점이 있다. 물론 유형화하는 방법이 다르기 때문에 완벽하게 매치된다고 할 수는 없지만, 어떤 사람의 성향과 기질을 각기 다른 관점에서 바라보고 분류하거나 서로 다른 용어를 사용해서 표현한 지점을 찾을 수 있는 것이다.

이를테면 에니어그램의 1번 유형인 개혁가는 MBTI에서 완벽하게 STJ 유형과 일치하며 사주에는 '금'과 성명학의 겁재가 많이 나온다. 에니어그램 5번 유형과 6번 유형은 MBTI에서 내향형을 뜻하는 I형과 N형이 많고, 특히 5번 유형은 사주명리학의 오행에서 '수', 성명학의 식신에 해당하는 기질이 많은 성향을 보인다. 에니어그램의 7번 유형은 MBTI로 분류하기는 애매하지만 사주명리학에서는 거의 재성이 발달한 유형과 일치하고, 오행 중에 화(火)가 많은 유형 중에도 에니어그램 7번에 해당하는 경우가 많다.

이러한 공통점을 보면 동서양의 철학과 이론에 각기 엄연한 통계성과 규칙이 존재한다는 것을 알 수 있다. 즉 동서양의 성격 유형 분석은 무엇이 우월하고 정확도가 높다고 하기보다, 인간의 본성을 탐구하자 하는 공통된 동기에 서로 다른 철학적 배경과 접근 방식을 가지고 있는 셈이다. 이는 한 사람을 바라보는 각기 다른 렌즈라고도 할 수 있기 때문에 그만큼 상호 보완적으로 활용했을 때 더욱 입체적인 이해를 가능하게 한다. 다양한 도구를 이용한 폭넓은 통찰을 통해 우리는 잠재력을 더욱 극대화하고 삶의 방향성을 찾아가는 데에 큰 도움을 받을 수 있을 것이다.

틀 바깥으로 나가
한계를 벗어나는 방법

보통 사주를 보러 올 때는 미래를 정확히 예측하는 족집게 같은 결과를 기대하는 분들이 많다. 그런데 만약 누군가 내 미래를 결정해준다면 삶을 내가 원하는 방향을 향해 주도적으로 이끌어갈 수 있을까? 병원에 갔을 때 환자를 보자마자 두 달밖에 못 산다고 단정 짓고 통보하는 의사보다는 두 달밖에 못 살 수도 있지만 2년을 더 살게 해주는 의사가 훨씬 도움이 된다. 모든 학문도 마찬가지다. 무언가를 섣불리 결정하기 위해서가 아니라, 현명한 시야와 정보를 바탕으로 장점을 살리고 더 좋은 방향으로 결정해나갈 수 있도록 도와주기 위해서 학문이 존재한다.

즉 주변 사람들을 어떻게 더 좋은 방향으로 도울 수 있을

지, 특히 자기 자신을 어떻게 더 행복하게 만들고 성장시킬 수 있을지 방법을 찾기 위해서 사주를 보기도 하고 다양한 성격 유형 검사를 참고하기도 하는 것이다. 그런데 보통 실수하기 쉬운 것 중의 하나가 특정 검사를 통해 나온 결과를 자기 자신의 기질과 성향으로 결정짓고 그것을 자신의 한계로 여겨버리는 일이다. 그러나 우리는 자신을 어떤 운세나 유형의 틀 안에 가두어두고 한계를 긋는 것이 아니라, 오히려 그 한계를 벗어나는 방법으로서 이를 활용해야 한다.

성격 유형 검사는 편의상 몇 가지 항목의 유형을 나누지만 사실 사람의 성향은 정확한 수치로 완벽하게 나뉘어질 수 없다. 단지 어떤 성향에 가까운지 객관적인 관점에서 확인하여 이를 자신의 삶에 유리하게 다루고 도움을 받을 수 있다는 관점으로 바라봐야 한다. 특히 청소년기에 사주나 MBTI 등의 검사로 자신의 성향을 이해하면 내가 누구인지, 어떻게 인간관계를 맺어가면 좋은지, 또 어떤 직업 적성이 어울리는지 큰 틀을 가늠하고 미리 판단해볼 수 있다.

예를 들어 MBTI에서 외향적이고 창의적인 ENFP 유형의 결과를 받았다면 사람들과 교류하며 에너지를 얻고 새로운 아이디어를 떠올리는 직종을 고려해볼 수 있다. 반대로 자신이 흥미를 느끼지 못하는데도 군이 조직적이고 반복적인 직종을 고집할 필요는 없을 것이다. 혹은 그런 직종을 선택한다 하더라도 자신의 약점을 인지하여 이를 보완할 방법에 대해서 한 발 빠르게 고민할 수 있게 된다.

부모 입장에서도 이러한 이해를 통해 자녀의 학업 성취뿐 아니라 자녀가 삶의 여러 영역에서 언제 편안함을 느끼고 어떻게 동기 부여를 받는지에 대해 보다 폭넓게 알 수 있다. 자녀의 성향을 존중하면서 그에 맞는 조언을 통해 스스로 삶을 설계해갈 수 있도록 길잡이가 되어줄 수 있을 것이다.

이때 반드시 기억해야 하는 것은 더 우월한 결과값은 없다는 점이다. 사주명리학에서든 MBTI나 에니어그램, BIG5에서든 모든 유형에는 모두 장단점이 존재한다. 특정 유형이 가진 성향이나 기질은 어떤 상황에서는 장점이 될 수도 있고 어떤 상황에서는 또 단점으로 작용할 수 있다. 예를 들어 MBTI의 감정형과 사고형을 비교했을 때, 감정형은 따뜻한 인간관계를 형성해나가는 성향이지만 이성적이고 객관적인 판단을 놓칠 수 있다. 반대로 사고형은 객관적이고 논리적인 사고를 하지만 주변 사람들에게 인간적인 배려가 부족해 보일 수 있다.

그리고 우리 사회에는 인간적인 따뜻함을 지향하는 사람들과 객관적인 관점으로 냉철하게 일처리를 해나가는 사람들이 모두 필요하다. 서로 다른 유형의 사람들은 서로 배척하는 것이 아니라 오히려 상호 보완적으로 서로에게 배움과 기회를 제공할 수 있다. 각기 사회 속에서 자신의 역할을 하고 있기 때문에 어떤 유형이 더 낫고, 더 나쁘다고 볼 수 없다는 점을 꼭 인식해야 한다.

우리는 더 나은 유형을 추구하는 것이 아니라 각 유형을 이해하며 장점을 발전시키고 단점을 보완하는 노력을 통해 성장해가려는 것이다. 한계에 스스로를 가두지 말고, 인간에 대한 통찰을 강력한 무기이자 안전한 표지판으로 삼아 자신 있게 나아가면 된다.

2025년 2월

김동완

THE PEOPLE

1부 # 사람을 읽다

더 깊은 이해와 통찰을 위해
우리에게는 사람을 다각도로 들여다볼 수 있는
다양한 렌즈가 필요하다.

01

나와 당신을 유형으로 이해하는 MBTI

사람의 성격을 유형으로 구분할 수 있을까

미국의 작가이자 교육자였던 캐서린 브릭스라는 한 여성은 어느 날, 딸 이사벨 브릭스가 남자친구인 클래런스 마이어스를 집으로 데려왔을 때 그가 자신의 가족들과 성격적으로 다른 점이 많다는 점에 흥미를 느꼈다. 브릭스 가족이 학문적이고 분석적인 성향이 강한 데 비해 클래런스는 학문적인 것보다는 현실 속에서의 실용적인 가치나 효율성을 중시하는 성향이 강했던 것이다.

그녀는 이를 흥미롭게 받아들이며 사람의 성격을 유형적으로 분석하고 구분할 수 있을지에 대해 관심을 갖기 시작했다. 그리고 자신과 주변 사람들의 성격에 대해 관찰하고 이를 이론적으로 연구하던 중, 칼 융의 심리 유형론을 접하게 된다.

캐서린 브릭스와 그녀의 딸 이사벨 마이어스는 칼 융의 이론에 흥미를 느끼고 이를 발전시켜서 사람의 성격을 분류하는 방식을 만들었는데 그것이 바로 성격 유형 검사로 잘 알려진 지금의 MBTI다. 그들은 칼 융의 심리적 유형 이론을 기초로 총 16가지 성격 유형을 만들어 사람들의 성격을 분석하고 이해하는 도구로 소개했다.

즉 MBTI를 만들어낸 것은 캐서린 브릭스와 이사벨 마이어스지만, 그 시초가 되었다고 할 수 있는 심리적 유형 이론을 제시한 것은 바로 칼 융이라는 사람이다. 그는 1875년에 스위스 바젤의 명문가 집안에서 출생한 정신과 의사다. 융의 할아버지는 바젤대학교 의과대학 학장까지 지낸 의사였고, 외할아버지는 바젤 지역 개신교 목사협회 회장을 지냈으며, 아버지 파울 아필레스 융은 개신교 교회의 목사였고 어머니 에밀리 프라이스베르크는 독실한 기독교 신자였다.

그러나 칼 융의 집안은 경제적으로 어려운 형편이었고 어머니는 융을 임신하기 전까지 계속된 사산으로 심한 우울증을 앓았다. 융을 출산한 후에도 건강이 좋지 않아 요양원에 자주 머물렀기 때문에 융은 어려서부터 혼자서 시간을 보내는 일이 많았다. 이후 1895년에 아버지가 사망한 후에는 어머니의 병세가 호전되면서 어머니의 관심과 사랑 속에서 성장할 수 있었다. 하지만 여전히 가정 형편이 어려워 자신이 돈을 벌면서 학업을 병행해야 했다.

칼 융은 청소년기에 아버지가 정신병원 상담 목사로 활동하였기 때문에 자연스럽게 정신 분석에 관심을 갖게 됐다. 1895년 바젤대학 자연과학부에 입학하여 해부학, 생물학 등의 과정을 배웠고 정신의학을 전공 분야로 선택하여 자신의 분석 심리학을 체계화시키려고 노력했다.

융은 인간의 성격, 즉 퍼스널리티*personality*를 '사이키*psyche*'라는 개념으로 설명했다. 이는 그리스 신화의 프쉬케에서 비롯된 말로 심리, 영혼, 자신이라는 뜻이다. 그는 사이키가 한 개인의 전인격적 심리 구조로서 개인의 의식과 무의식, 그 안에서 일어나는 사고와 감정 등 모든 심리적 과정을 포함한다고 보았다. 그런데 이 총체적인 심리 구조는 모든 사람에게 동일한 방식으로 작용하는 것이 아니라 사람마다 다르고, 칼 융은 이를 '성격 유형론*Theory of Personality Types*'으로 설명했다.

'성격 유형론'은 칼 융의 이론에서 가장 핵심적인 개념이다. 이 이론에서 칼 융은 사람들이 자신의 세계를 어떻게 인식하고 반응하는지에 따라 여러 가지의 성격 유형으로 세분화할 수 있다고 보았다. 그는 이를 크게 에너지를 얻는 방향과 세상을 인식하고 정보를 처리하는 방식에 따라 두 가지 차원에서 구분했다. 에너지를 얻는 방향은 '외향성'과 '내향성'으로 나누었고, 세상을 인식하는 기능은 다시 합리적 사고 기능의 '사고형'과 '감정형', 비합리적인 기능은 '감각형'과 '직관형'으로 나누었다.

캐서린 브릭스와 이사벨 마이어스는 칼 융이 개발한 성격 유형 이론을 접한 뒤 이를 바탕으로 성격 유형을 더욱 체계화하여 분류하기 시작했다. 무려 20년 간의 '인간 관찰*people watching*'을 통해 칼 융의 심리 유형 이론의 타당성을 확증했으며, 1994년에 이르러 마침내 최초의 MBTI 검사가 개발되었다. MBTI는 외향*Extraversion*과 내향*Introversion*, 감각*Sensing*과 직관*Intuition*, 사고*Thinking*와 감정*Feeling*, 판단

*Judging*과 인식*Perceiving*을 16가지 성격 유형으로 조합해 나타낸다.

당시 1990년대 초반은 사회적으로 개개인의 성격보다 남성과 여성에 대한 고정적인 성 역할이 요구되는 분위기였다. 그러나 이사벨의 연구는 이러한 고정관념을 넘어 개개인을 성격에 따라 구분하는 관점에서 접근했고, 이를 통해 사람의 고유한 특성을 들여다보고자 했다. 특히 제2차 세계대전 당시 많은 여성들이 일터로 나가기 시작하며, 이사벨은 성격 유형 검사가 그들에게 적합한 직무를 찾는 데 유용할 것이라고 생각했다. 기존의 경험이나 능력만으로 그들에게 적절한 직무를 신속하게 배치하기 어려웠기 때문이다.

이사벨 브릭스의 저서 〈Gifts Differing〉에 따르면 실제로 MBTI 검사는 전쟁 중에 직무 적합성을 평가하여 인력을 배치하는 데 효과적으로 쓰였고, 이후 생활 속에서 실질적으로 활용할 수 있는 유용한 검사로 자리 잡게 되었다. 그렇게 현대에 이르기까지 MBTI는 자기 이해와 교육, 인간관계, 소통, 직업 상담 등 다양한 분야에서 개인의 성향을 이해하고 존중하는 도구로서 활용되고 있다.

당신과 내가 같은 상황에서
다르게 행동하는 이유

──────── 에너지의 방향이 다르다

──────── 칼 융은 인간이 가진 '에너지의 방향'은 선천적으로 타고나는 것이라고 보았다. 그에 따르면 '외향성'과 '내향성'이란 개념도 외부 세계와 내면 세계로 향하는 방향성과 방식을 나타내는 말이다. 사주명리학을 비롯한 동양의 많은 학문에도 양과 음이 존재하는데, 양의 기운이 강하면 외향적이고 음의 기운이 강하면 내향적인 경향을 보인다.

외향성이 높은 사람들은 에너지의 방향이 외부 세계를 향하고 있어서 외부 사람들과 관계 맺기를 좋아하고 외부의 사물에 초점을 맞춘다. 그래서 직접 바깥에 나가서 사람들을 만나고 뛰어다닐 때 활력이 넘치며, 행동 지향적이고 사교성이 강해 타인과 쉽게 대화하고 소통한다. 언어 능력이 뛰어나고 말하기를 좋아하여 대인 관계에서 직접 대면하는 것을 선호한다.

내향성이 높은 사람들은 대부분 자기 내부 세계를 지향하고 자기 마음속의 생각이나 개념, 이념에 더 많은 관심을 둔다. 또한 자기 자신의 주관적 태도에 따라 행동하고 인식하며 판단한다. 혼자 앉아서 생각에 잠기는 것을 편안하게 느끼고, 직접 대면하기보다는 서면이나 SNS의 의사소통을 선호하는 편이다. 말은 적고 생각은 신중하며 조용한 사람들이 많다.

예를 들어 외향적인 사람은 BTS나 뉴진스 또는 임영웅의 공연을 보고 자기 개인의 생각보다는 음악 평론가의 평이나 신문기사, 방송 등의 객관적 기준에 따라 판단하고, 그 가수의 명성이나 별점, 비평가의 평에 대해 말하기를 좋아한다. 내향적인 사람은 같은 공연을 보더라도 외부 전문가나 기자들의 평보다는 주관적으로 자기 느낌을 얘기하고 주관적 태도에 따라 판단하며 행동하는 것을 좋아하는 경향이 있다.

외향(E) vs 내향(I) 어떻게 행동할까

▶ 연애할 때

E : 주로 활동적인 데이트를 좋아한다. 다양한 외부 활동에
　　연인과 함께 참여하고 싶어 하며, 자신의 지인들이 모인

사교 모임에 연인을 동반하고 소개시켜주는 것을 즐긴다. 그동안 해보지 않은 새로운 경험을 함께 시도해보려고 하며 자신의 감정에 대해서도 적극적으로 표현하는 성향이 있다.

I : 많은 사람과 어울리는 것보다는 연인과 단둘이 만나는 것을 선호한다. 서로의 집이나 조용한 카페처럼 둘만의 시간을 방해받지 않는 장소를 선호하며, 믿을만한 소수의 지인에게만 연인을 소개한다. 둘이서 조용하고 싶은 대화를 나누는 데서 에너지를 얻는 성향이다.

▶ **여행할 때**

E : 한 번도 가보지 않은 장소를 탐험하거나, 패러글라이딩이나 스쿠버다이빙 등 새로운 액티비티를 겸할 수 있는 여행을 선호하는 편이다. 때마침 지역에서 열리는 축제 등 사람들이 많이 몰리는 행사를 일정에 반영하는 것을 좋아한다. 여행하면서 마주치는 낯선 사람들과 가벼운 대화를 나누다가 가까워져서 친구가 되기도 한다.

I : 조용하고 인적이 드물어 혼자 사색할 수 있는 여행지를 선호하는 편이다. 대규모 축제 등은 피하고, 여행하면서

그곳의 역사를 공부할 수 있는 곳을 찾기도 한다. 굳이 일행을 만들지 않더라도 혼자서도 잘 다니며, 여행을 떠나기 전에 미리 일정 계획을 세워 예측하지 못한 돌발 상황이 생기지 않도록 사전에 준비하는 편이다.

———— 세상을 지각하는 방식이 다르다

———— '감각'은 말 그대로 감각(感覺, 신경세포를 활성화하거나 자극하여 신경처리를 시작하게 하는 물리적 크기, 공간과 시간 등과 같이 어떤 용어를 측정 가능한 모든 것, 즉 중력, 거리, 형태, 진동, 접촉, 빛, 움직임 등을 말함)적인 일을 할 수 있는 능력인 에너지를 말한다. 감각은 의식 내용에 대한 해석과 판단이 가해지는 의식적인 지각으로서 지각*Perception*과 거의 같은 뜻으로 볼 수 있다.

감각형인 사람들은 사실적, 실제적, 현실적이며 구체적인 세부 내용과 사실적인 사례에 관심을 갖는다. 직접적인 경험을 바탕으로 직선적인 언어를 사용하며, 어떤 문제를 해결할 때는 정확한 정황을 파악하는 것을 중요시한다.

직관은 사물이나 사태나 사상을 순간적으로 직감 또는 무의식적으로 지각하는 것을 말한다. 예를 들어 상대의 얼굴 표정에서 상대의 감정 상태를 직감하거나 첫인상으로 앞으로 상대와의 관계를 예측하는 것이다. 직관은 무의식적으로 인식을 유도하는 심리 기능이자 육감으로 현상 이면의 관계를 파악하는 기능이며 본능적인 파악 능력이기 때문에 개인적인 정신 능력과 판단에 기초한다.

직관형의 사람들은 상상력과 통찰력을 바탕으로 토론하거나 표현한다. 우회적이고 간접적인 표현으로 대화를 하며 주어진 계획이나 원칙에서 벗어난 내용에도 관심을 갖는다. 어떤 문제를 해결할 때 사실 뒤에 감춰진 의미를 보려고 하며, 가능성을 고려하고 미래에 초점을 맞춘다.

감각(S) vs 직관(N) 어떻게 행동할까

▶ 식당을 정할 때

S : 식당 메뉴 리스트와 가격을 우선적으로 살펴보며 합리적인지를 따진다. 자신이 이미 먹어보았거나 주위 사람들이 추천한 메뉴를 선호한다. 식당 리뷰를 꼼꼼하게 살펴보고

반응이 가장 좋은 메뉴를 고르기도 한다.

N: 그동안 가본 적 없는 식당, 먹어본 적 없는 새로운 메뉴를 선호한다. 설령 나온 메뉴가 맛이 없다고 해도 새로운 시도를 했다는 사실에 의의를 둔다. 음식 자체뿐만 아니라 식당의 컨셉과 다른 손님들의 스타일 등 전반적인 분위기를 중요하게 생각한다.

▶ 문제 해결이 필요한 때

S: 현실적인 해결 방법이 무엇인지에 대해 생각한다. 그동안의 사례들을 찾아보며 구체적이고도 세세한 해결 방법을 수집하고 검토하는 것을 선호한다. 검증되지 않은 데이터는 무시하며, 무엇보다 그 해결 방법이 실현 가능성이 있는지에 중점을 둔다. 예측 가능하고 안정된 결과가 보장되어야 행동에 나선다.

N: 새로운 해결 방법이 있는지 찾아본다. 그동안의 사례들에 집착하지 않고 창의적인 접근 방식을 구상해낸다. 세세한 접근보다는 큰 틀에서 문제에 접근하고, 때로는 결정적인 증거 없이 가능성에 대한 막연한 믿음을 바탕으로 문제 해결에 뛰어들기도 한다. 자신의 행동에 큰 변화가 따를

1부 사람을 읽다

것이 예상되어도 두려워하지 않는다.

바라본 내용을 판단하는 방식이 다르다

─────── 칼 융은 인간의 정신 기능 중에서도 '판단 기능'을 '사고'와 '감정'으로 분류했다. 판단 기능은 주어진 관념이나 내용을 서로 연결하여 의사 결정을 하는 과정을 말한다.

사고형에 가까운 사람들은 자신이 지각한 내용에 대해 객관적 기준을 바탕으로 정보를 비교 분석하고 논리적인 결과를 바탕으로 판단한다. 자신의 지식에 따라 옳고 그른 것에 대한 명백한 기준을 가지고 있으며, 상대적으로 논쟁적이고 비감정적인 행동을 하는 경우가 많다. 인정에 얽매이기보다는 원칙이나 규칙, 정의와 공정성, 옳고 그름에 입각하여 판단하며 일관성과 타당성을 중시한다. 객관적인 기준이나 원칙을 강조하다 보니 인간성이 없고 냉정해 보인다는 말을 듣기도 한다.

반면 감정형의 사람들은 자기 자신과 타인의 가치를 중

요시하며 어떤 일을 판단할 때 주관적인 가치관을 기준으로 삼는다. 이성적인 법칙보다는 자신의 가치를 근거 삼아 주관적인 평가를 내리고 그에 따라 판단하는 경향이 있다. 대체로 인간적이고 따뜻하여 어떤 행동이 자신이나 타인에게 어떤 영향을 줄 것인지를 생각하고, 인간관계에서 타인과의 조화를 중요시한다. 자칫 우유부단하고 자기 주관이 없는 것처럼 보일 수 있지만 대체로 친화적이며 사람의 마음을 읽고 상처 입지 않도록 배려하는 따뜻한 성향이다.

사고(T) vs 감정(F) 어떻게 행동할까

▶ **갈등이 생겼을 때**

T : 왜 갈등이 발생했는지 논리적이고 납득 가능한 원인을 찾는 것에 집중하고, 이를 해소할 수 있는 방법에 대해서도 역시 논리적인 결론을 내리기 위해 분석적으로 접근한다. 자신의 감정보다 객관적으로 사태를 파악하려고 애쓰며 상대방과 토론하고 함께 문제 해결에 나서는 것을 피하지 않는다.

F : 자신의 감정보다는 상대방이 지금 어떤 기분인지 파악하

1부 사람을 읽다

고 감정을 이해하려는 노력을 먼저 하는 편이다. 논리적인 접근보다는 적절한 선에서 서로 타협하기를 원하며, 갈등 해소를 위해서라면 어느 정도 양보할 준비도 되어 있다. 문제 해결을 위해 상대방과 직면하는 것보다는 빙둘러서 해결할 수 있는 방법이 있는지도 찾아본다.

▶ 영화를 볼 때

T : 영화의 줄거리를 먼저 이해하는 것에 집중하고, 캐릭터의 행동이 논리적으로 타당성이 있는지 따진다. 영화에 등장하는 장면들에 어떤 의미가 있는지 살펴보고 숨은 의미를 찾아내기를 좋아한다. 영화가 주고자 하는 최종 메시지와 전체적인 주제가 무엇인지 생각하고, 그것이 논리적으로 합당한지 판단하려고 한다.

F : 영화에 등장하는 캐릭터들에 감정 이입하여 그들의 감정 선을 따라간다. 캐릭터들의 상황과 감정에 자신이 얼마나 잘 공감할 수 있었는지가 중요한 판단 기준이다. 영화를 보면서 자신의 처지와 경험에 대한 기억을 떠올려 캐릭터들과 자신을 비교하기도 한다.

삶을 구조화하고 적응하는 방식이 다르다

판단형과 인식형은 삶을 조직화하고 구조화하려는 경향과 상황에 따라 유연하게 적응하려는 경향에 따라 나뉜다.

판단형은 외부 세계에 대해서 구조화되고 조직화된 접근을 하고, 외부 세계에 적응해나가는 방식으로 판단 기능(사고나 감정)을 사용하는 것을 선호한다. 활동을 계획하거나 의사 결정을 할 때는 빈틈없이 단호하며 체계적으로 진행한다. 미리 준비하고 계획을 짜서 일을 추진하며 계획된 시간 내에 마무리하려는 목적 의식이 뚜렷한 편이다. 어느 정도의 정보를 얻고 나면 지각을 닫아버리고 판단을 앞세우는 경향도 있다. 한번에 여러 일을 동시에 하기보다는 한 가지 일을 완벽하게 끝내고 나서 다른 일을 추진하는 성향이 강하다.

인식형은 외부 세계에서 들어오는 정보 그 자체를 받아들이며 상황에 맞추어 적응하고 이해하는 경향이 높다. 호기심과 흥미가 많아 여러 가지 일을 한꺼번에 벌이기도 하며, 새로운 사건이나 변화를 추구하고 상황에 대한 적응력이 좋다. 생각이나 계획은 언제나 변화 가능하다고 생각

1부 사람을 읽다

하며 오히려 변화 가능성을 선호한다. 다소 느리고 답답하게 느껴질 수 있지만 어떤 일에 대해 섣부르게 결정을 내리거나 판단하지 않는 신중함과 융통성이 있다.

판단(J) vs 인식(P) 어떻게 행동할까

▶ 업무 계획을 세울 때

J : 목표부터 명확히 설정한 뒤에 세부 계획을 잡기 시작한다. 계획은 되도록 구체적이고 세세하게 정하며, 일단 정한 계획은 철저하게 지키기 위해 노력한다. 계획대로 일이 진행되지 않는 변수를 없애는 데에 중점을 둔다.

P : 업무 수행의 일정을 큰 틀에서 융통성 있고 유연하게 잡는다. 일어날 수 있는 여러 상황을 생각하여 다양한 대비책을 마련하는데, 일정에 영향을 주는 돌발 상황이 생겨도 크게 스트레스 받지 않고 즉석에서 새로운 계획을 잡는다.

▶ 모임을 주최할 때

J : 참석자들의 정확한 인원부터 파악한 후에 적절한 장소와

메뉴를 고르는 등 체계적인 단계에 맞춰서 진행한다. 참석자들에게는 모임의 정확한 목표를 사전에 전달하고 각자에게 적절한 임무를 분배한다. 모임이 효율적으로 이루어질 수 있도록 세부적인 계획을 짜고, 당일에도 그 순서대로 진행되도록 일을 주관한다.

P : 장소와 메뉴를 정했다면 더 큰 부담은 갖지 않는다. 모임 당일의 상황에 따라 자유로운 분위기로 흘러가도록 내버려두고, 참석자들 각자가 원하는 방식대로 모임을 즐길 수 있도록 배려한다. 대략적인 틀을 혼자 결정하기보다는 미리 참석자들의 의사를 묻고 함께 맞춰나가는 것을 즐긴다.

오늘의 나와
내일의 나는 달라진다

MBTI는 사람의 성격 유형을 이해하는 데 있어 유용한 도구로 자리 잡고 있다. 가장 큰 장점이라면 쉬운 접근성일 것이다. 물론 원래는 공인된 기관이나 전문가를 통해 정식으로 검사하는 것이 가장 정확하지만, 요즘에는 온라인에서 쉽게 무료 검사를 시도해볼 수 있다. 아무래도 정확도나 신뢰도는 떨어질 수 있지만 간편하다 보니 그만큼 많은 사람들이 자신의 MBTI를 검사해보고 있다.

하지만 MBTI의 16가지 유형이 모든 사람의 다양한 성격을 빠짐없이 반영할 수는 없을 뿐더러, 사람의 성격 자체가 고정된 것이 아니라 변화할 수 있는 요소이기 때문에 검사의 정확성이나 신뢰성에 대한 비판도 존재한다. 실제로 MBTI 검사를 여러 번 반복했을 때 매번 다른 유형이 나오는 경우가 많다.

MBTI가 바뀌는 이유는 여러 가지가 있지만 가장 큰 이유는 기본적으로 자기보고식 검사이기 때문이다. 검사를 하는 그 순간의 기분이나 환경에 따라서 답변이 달라질 수 있고, 또 특정 질문을 정확하게 이해하지 못하거나 어떤 질문에 대한 자신의 답변이 스스로도 모호할 수가 있다. 당장 오늘과 내일도 다를 수 있지만, 상당 시간이 흘렀을 때 환경이 바뀌거나 경험이 쌓이면서 생각이나 행동 방식에 변화가 생기기도 한다.

또한 질문에 대해서 완전히 솔직하게 답하지 못하고, 사회적으로 바람직하다고 느껴지는 방향이나 자신이 원하고 추구하는 방향성으로 답변을 하게 되는 경우도 있다. 혹은 자기 자신에 대한 인식이 분명하지 않아 자신이 실제로 행동하는 것과는 다르게 답변하게 되기도 한다. 그러한 변화가 검사 시 답변에 영향을 미치다 보니 성격 유형 자체가 다르게 나타날 수 있는 것이다.

물론 실제로 성격이 바뀌어서 결과값이 다르게 나타나기도 한다. 성격은 평생 고정된 것이 아니라 유동적으로 바뀔 가능성이 높다. 내향적인 사람이었는데 외향적인 직업을 갖다 보니 실제로 외향적인 성향이 늘어나기도 하고, 늘 꼼꼼하게 계획을 세우던 사람이 자유롭고 창의적인 직업에 종사하면서 더 유연하고 즉흥적인 환경에 익숙해지기도 한다. 물론 이는 성격 자체가 변한 것이 아니라 상황에 따른 성격적 유연성을 발휘한다고도 볼 수 있지만, 이러한 변화는 MBTI 검사 결과의 변화로도 이어지기 쉽다.

MBTI가 바뀌는 것은 매우 자연스러운 현상으로 받아들여도 된다. 환경의 변화나 다양한 경험에 따라서 성장하는 과정이며, 자신에 대해 더 다방면으로 이해할 수 있는 기회가 될 수 있다. 특히 MBTI는 성격을 절대적으로 정의하는 것이 아니라 '경향성'을 나타내는 것이다. 자신의 성격적 경향성이 어떻게 변화했으며 어떤 요인이 영향을 미쳤는지 들여다보면서 자신에 대한 이해를 넓혀가는 과정으로 받아들이면 될 것이다. 중요한 것은 자신이 어떤 유형에 속하는지보다는 자신의 성향을 바탕으로 어떤 결정을 하고 어떻게 나아갈 것인지를 탐색하는 일이다.

02

내면의 나침반이 되는
에니어그램

나를 이해하고
더 나은 선택을 하기 위한 지침서

에니어그램*Enneagram*은 사람의 기본적인 성격을 아홉 가지 유형으로 나누어 설명하는 성격 유형 시스템이다. 각 유형별 특징과 행동 패턴 등을 바탕으로 사람 어떤 행동을 취하게 되는 내면적 동기를 설명해준다. '에니어그램'은 그리스어에서 9를 의미하는 '엔네아*Ennea*'와 그림이라는 뜻의 '그람모스*Grammos*'를 합친 말로 '9개의 점이 있는 그림'이라는 뜻이다. 그 의미처럼 에니어그램은 하나의 원으로 되어 있고, 그 원의 지름에 있는 9개의 점을 따라 그리면 별 같은 모양이 나온다.

에니어그램의 핵심은 단순히 성격을 분류하는 것이 아니라 각 성격의 성장 가능성과 변화의 가능성을 제시하는 데에 있다. 그래서 각 유형이 스트레스를 받는 상태일 때나 건강한 최상의 상태일 때 각각 어떻게 변화하는지를 함께 다룬다.

예를 들어 완벽주의자인 1번 유형은 평소에는 체계적이지만 스트레스를 받으면 예술가인 4번 유형의 부정적인 특성을 드러낸다. 자신의 부족한 점에 지나치게 몰두하거나 감정적으로 휩쓸리는 경향이 나타나는 것이다. 반대로 권위적인 성향의 8번 유형은 성장할 때 2번 유형의 따뜻함과 배려심을 드러내어 기꺼이 타인에게 마음을 쓴다.

이러한 에니어그램의 특성은 스트레스 상황에서 자신이 어떤 부정적인 성향으로 변화할 수 있는지를 미리 인지하여 극복할 수 있게 하고, 혹은 건강한 상태를 유지하거나 더욱 성장할 수 있는 방향성을 제시해준다. 특정 상황에서 자신이 행동하는 경향성을 파악하여 더 좋은 선택을 하고 나아갈 길을 찾을 수 있게 하는 하나의 지도이자 지침서가 되어

주는 셈이다.

에니어그램 이론에 따르면 인간에게는 세 가지의 중심 센터가 있다고 본다. 중심 센터는 머리, 심장, 그리고 장(腸)이며, 장 중심 센터를 본능 중심 센터라고 부르기도 한다. 따라서 머리 중심(머리 우위)의 사람, 심장 중심(심장 우위)의 사람, 장 중심(장 우위)의 사람이 있게 된다.

인격은 바로 이 세 중심 센터 중의 하나를 우위 중심 센터로 하고, 나머지 하나는 지지 중심 센터로 하며, 마지막 하나는 가장 덜 통합된 중심 센터로 이용한다. 이는 또 각각 나머지 두 센터와 관계하여 우위 중심 센터를 사용하는 방법에 따라 세 가지 성격 유형으로 세분화된다. 그래서 세 가지 중심 센터 안에 있는 세 가지 유형이 에니어그램의 아홉 가지 기본적인 성격 유형을 이루게 되는 것이다.

에니어그램의 아홉 가지 성격 유형은 1번 개혁가, 2번 봉사자, 3번 성취가, 4번 개인주의자, 5번 탐구자, 6번 충성가, 7번 모험가, 8번 지도자, 9번 평화주의자로 나뉜다.

이중 1번, 8번, 9번 유형은 장형에 해당하고 2번, 3번, 4번 유형은 가슴형에 해당한다. 5번, 6번, 7번 유형은 머리형에 속한다.

장(배·본능) 중심형

장 중심의 사람들은 날카로운 눈매와 진지한 표정을 가지고 있으며, 체격이 튼튼하고 건장하다. 근육이 발달했고 광대뼈가 불거지며 전체적으로 뼈들이 튀어나온 모습으로 다른 사람들이 볼 때는 투쟁적으로 보일 수 있다. 매사에 진지하고 다소 무뚝뚝해 보이기도 한다. 이들은 진행하는 일을 분석하고 파악하는 데 있어서 정확하고 신속하다. 현실 적응력이 뛰어나고, 현재 처한 일들의 규칙과 질서를 위해 본능적으로 통제하며 정면대결한다.

가슴(감정·심장) 중심형

가슴 중심의 사람들은 직관적으로 상황을 파악한다. 사람 중심적인 성향으로 인정, 우정, 친밀감을 우선시하며 친구, 친척, 가족 등과 함께하는 시간을 소중히 여긴다. 자신의 이미지를 중요하게 생각하는 동시에 자신의 결정이 타인에게 미칠 영향을 고려하고 주변 사람들이 곤경에 처하지 않도록 늘 배려하는 모습을 보인다. 다만 자신과 친밀하지 않은 사람에 대해서는 무관심한 태도를 보이기도 한다. 늘 부드러운 미소와 둥글둥글한 체격을 지녔으며,

매력적인 얼굴과 빛나는 눈빛으로 주변을 밝게 해주는 사람이다. 사람과의 관계에서 행복을 찾으며 직관적으로 상황을 판단하는 능력이 뛰어나다.

──────── **머리**(사고) **중심형**

──────── 머리 중심의 사람들은 늘 분석하고 비교하며 관찰하는 성향으로, 현실에서는 거리를 두고 자신만의

〈에니어그램의 중심 센터 도표〉

구분	가슴	머리	장
현대 의학	수질 *limbic system* =감정	대뇌피질*cerebral* =사고	근뇌 *root brain* =본능
관심사	거짓 자아와 자아 이미지, 사랑	전략과 신념	환경저항 및 통제
문제	정체성과 적대감	불안과 불안정	분노와 억압
추구	주의	안전	독립성
감정	수치심	두려움	분노

1부 사람을 읽다

생각과 공간을 갖길 원한다. 자신의 결정이 논리적이고 이성적인지, 조직이 자신을 인정하는지의 여부에 큰 관심을 갖는다. 또한 조직이 자신에게 지침과 명령을 내리는 것에 보람을 느끼며 어떤 문제에 대해서는 조직원들과 의견을 나누고 분석한다. 가냘픈 몸매와 볼륨 없는 근육으로 허약해보일 수 있고, 부끄러움이 많고 소심하여 다른 사람과 눈을 마주치는 것을 기피하는 경향도 있다.

변화와 성장의 열쇠가 되는
아홉 가지 유형

─────────── 책임감 강한 완벽주의자(1번 유형)

사주명리학 유형: 금(金) 태과다, 금(金) 과다, 금(金) 발달, 금(金) 일간

성명학 유형: 겁재

MBTI 유형: ISTJ, ESTJ

원칙적이고 이상적인 성향으로, 옳고 그름을 중요시하는

윤리적이고 양심적인 면모가 강하다. 모든 상황에서 자신이 옳고 착하며 올바르다고 생각하며, 매사에 완벽을 추구하고 정확한 끝맺음을 하려고 한다. 원리원칙적이고 공정하며 정직하게 일을 처리하는 성향이 있어, 철저한 준비를 통해 계획한 일을 반드시 실천에 옮기려는 결단력을 보여준다. 규범적이고 자제력이 뛰어난 성향으로 인해 흔히 똑똑하고 일 처리가 탁월하다는 평가를 받는다.

간혹 높은 수준의 윤리나 도덕 규범을 유지하려다 보니 쉽게 비판적이 되거나 완벽주의에 빠질 수도 있지만, 안정적인 최상의 상태에서는 현명하고 분별력이 있으며 고상한 모습을 보여준다. 기본적으로 상황을 개선하고 발전시키려고 노력하는 개혁주의자라고 볼 수 있다.

───────── **돕고자 하는 조력자(2번 유형)**

사주명리학 유형: 목(木) 발달 + 수(水) 발달, 목(木) 과다 + 수(水) 발달, 목(木) 발달 + 화(火) 발달 + 귀문관살

성명학 유형: 정관, 정인

MBTI 유형: INFP

1부 사람을 읽다

사람들을 잘 보살피고 대인 관계를 형성하는 데 탁월한 능력을 가진 유형이다. 진지하고 따뜻한 마음으로 다른 사람들과 감정적인 교류를 나누며 상냥하고 너그러워 자기를 희생할 줄도 안다. '내가 없으면 이 일을 할 수 없다'는 생각으로 자신이 필요한 사람이라고 여기며, 배려심과 겸허함 뒤에 자부심과 교만함이 공존하기도 한다.

그래서 타인의 의사와 상관없이 도움을 주려는 성향도 있으며, 그 배려의 이면에는 인정에 대한 욕구와 불안감이 내포되어 있다. 때로는 타인의 독립을 어렵게 할 만큼 집착하거나 과도한 칭찬과 아부를 하는 모습을 보이기도 한다. 다른 사람이 필요로 하는 사람이 되기 위해서 헌신하느라 정작 자신을 돌보지 못할 수도 있다.

하지만 최상의 상태에서는 이타적이며 무조건적인 사랑을 통해 헌신하는 모습을 보여주는 유형이다. 관대하고 적극적인 지지자로서 소외되는 사람이 없도록 주변인들을 따뜻하게 챙긴다.

────────── **목표 지향적인 성취자(3번 유형)**

사주명리학 유형: 목(木) 태과다, 목(木) 과다, 목(木)

발달 + 관 발달, 토(土)일간 + 토(土) 발달 + 화(火)
발달

MBTI 유형: ENFP

상황에 잘 적응하는 성공 지향적인 유형이다. 자신감 있고 매력적이며, 야망과 에너지로 가득 차 있다. 사회적 지위와 개인적 성취를 중시하고 자신을 능력 있고 성공적인 사람으로 여기며 '열심히 일하면 반드시 성공할 수 있다'는 확신이 있다.

항상 능률과 효율을 우선시하며, 성공을 위해서는 자신의 삶을 일부 희생할 수도 있다고 생각한다. 일의 실패는 곧 인생의 실패라고 생각하는 면도 있어서 지나치게 일 중독에 빠지거나 지나친 경쟁 의식을 가지기도 한다. 성공과 외적인 성과에 치중하다 보니 속마음보다 겉으로 보여지는 부분을 우선시하여 타인에게 상처를 줄 수도 있다. 그러나 매사 적극적이고 열정적이며 유능한 타입이기에 최상의 상태에서는 자기 확신을 바탕으로 자신감이 넘치는 매력적인 모습을 보이고, 다른 사람에게도 영감을 주는 역할 모델이 되어준다.

자기 성찰하는 개인주의자(4번 유형)

사주명리학 유형: 사월(巳月)에 태어나고 화(火) 태과
다, 사월(巳月)에 태어나고 화(火) 과다, 신월(申月)에
태어나고 화(火) 태과다, 신월(申月)에 태어나고 화
(火) 과다

MBTI 유형: ISFJ, ISJP

　낭만적이고 내향적인 개인주의자로서, 내면에 대한 생각
이 많고 민감하며 신중하고 조용한 유형이다. 평범한 삶의
방식을 따르기보다 자신만의 독창적인 세계를 추구하고 그
세계를 즐긴다. 타인에게 없는 것이 자신에게 있다고 느끼
며, 고유의 정체성과 개성을 중요시한다. 특히 예술적 재능
이나 심미안이 뛰어나고 감수성이 예민하여 사소한 것에도
즉각적인 반응을 나타낸다. 고유한 분야나 특별한 관심사에
열성적으로 몰입한다. 다만 자의식이 지나치게 강해 상처받
기 쉽고, 취약한 감정을 보호하기 위해 다른 사람에게 쉽게
자신을 드러내지는 않는다. 감정 기복이 심하고 때로는 어
둡고 음울한 생각에 사로잡히기도 한다. 그 탓에 자신의 감
정에 지나치게 빠져 타인에게 무심코 상처를 줄 수 있으며,

자신의 고통을 세상 어떤 것보다 특별하게 여기고 평범한 상황이나 일상적인 문제를 회피하기도 한다. 이때는 자신의 감정을 좀 더 객관적으로 바라보고 건강하게 표현할 수 있는 방법을 마련하면 도움이 될 것이다. 최상의 상태에 있는 4번 유형은 영감이 뛰어나고 창조적이며 자신의 고유한 감성과 독창적인 관점으로 세상을 바라보는 사람들이다.

─────── 세상을 이해하고자 하는 탐구자(5번 유형)

사주명리학 유형: 수(水) 태과다, 수(水) 과다, 수(水)
발달 + 귀문관살

성명학 유형: 식신

MBTI 유형: INTP, INFJ

강렬하며 지적인 성향을 가진 탐구자 성향이다. 통찰력이 있고 호기심이 풍부하며 복잡한 아이디어와 기술을 개발하는 데 집중하는 능력이 있고, 일을 시작하기 전에 만물박사처럼 완벽하게 정보를 수집하여 논리적으로 분석하는 것을 중요하게 생각한다. 현실적인 성향 탓에 모험이나 옳지 않은 판단을 두려워하기도 한다. 끈기와 자제력이 있으며 객관적이고 현명하여 흔히 지혜로운 사람, 현명한 사람으로 평가받는다. 한편 독창적이고 독립적인 성향이 강해 자신의 생각과 상상 속에 빠져들며 혼자 있는 시간을 즐기는 내성적인 면도 있다. 때로는 지나치게 신중하고 조심스러운 성향 탓에 소극적이고 까다로운 사람처럼 보일 수 있다. 대인 관계가 원만하지 못거나, 지적 우월감을 바탕으로 타인에 대해 서슴지 않고 비판하는 태도가 나타나기도 한다. 스스로 고립시키는 허무주의는 이 유형이 가진 전형적인 문제이지만, 최상의 상태에 있을 때는 시대를 앞서가며 새로운 시야로 세상을 바라보는 선구자적 역할을 한다.

─────────── 헌신적이고 신중한 충성가(6번 유형)

사주명리학 유형: 수(水) 태과다, 수(水) 과다, 수(水) 발달 + 귀문관살, 인성 태과다 + 귀문관살, 인성 과다, 인성 발달 + 귀문관살

성명학 유형: 식신

MBTI 유형: INTP, INFJ

안전을 추구하는 보수적인 유형으로, 신뢰할 수 있고 근

면하며 책임감이 강하다. 거짓말을 잘 하지 않고 협조적이
며 공동체에 대한 헌신이 강해 자신이 속한 집단에 조화롭
게 어울리는 사람이다. 모험보다는 현실적이고 안정적인 방
향성을 추구하고, 규범과 규칙을 중요하게 생각하며 주어진
일을 빈틈없이 처리한다. 마음이 따뜻하여 남들도 잘 도와
주는 타입이다. 하지만 자신을 방어하려는 경향 때문에 때
로는 종잡을 수 없는 모습이 보이거나 조심성이 많아 우유
부단하고 소심해 보일 수도 있다. 융통성이 없고 고지식하
며 자신의 두려움을 타인에게 떠넘기려 하는 모습이 보이
기도 한다. 6번 유형의 어떤 사람들은 당돌하고 반항적이
며, 의심하는 경향이 강할 수 있다. 의심과 불안에서 벗어
나려면 내면의 안정감을 찾고자 하는 노력이 필요하다. 그
러나 내면이 안정된 최상의 상태에 있는 이 유형은 자신감
이 강하며 독립적이어서 힘 없는 사람들을 용기 있게 도와
준다.

─────────── **즐거움을 추구하는 열정가(7번 유형)**

사주명리학 유형: 재성 태과다, 재성 과다, 재성 발달

성명학 유형: 편재

늘 새로운 세계를 생각하고 탐색하는 열정 넘치는 활동가로서, 쾌활하고 명랑하며 낙천적이다. 총명하고 다재다능하여 늘 아이디어가 반짝이며, 끊임없이 흥미로운 경험을 추구하기 때문에 쉴 새 없이 움직여 에너지를 소진시키곤 한다. 유쾌하지만 다소 부산스럽고 충동적인 모습이 드러나기도 한다. 자아도취 성향이 강하거나 자제력이 부족할 수 있고, 자신의 실수나 실패를 합리화하려는 경향이 강하다. 자신의 쾌락에 의존하다가 타인의 감정에 무심하여 상처를 줄 수도 있다. 그러나 밝고 명랑하며 주변에 늘 사람이 모이고, 작은 것에도 기분 좋아하며 즐거움을 찾아내는 능력이 있다. 이 유형은 최상의 상태에서 성취 동기가 높아 가치 있는 목표에 자신의 노력을 집중시키며 강한 도전 정신으로 매력적인 모습을 보인다.

리더십 강한 도전자(8번 유형)

사주명리학 유형: 관성 태과다, 관성 과다, 관성 발달,
양팔통 사주, 괴백양 3개 이상 사주

성명학 유형: 편관

MBTI 유형: ENTJ, ESFJ

자신감과 리더십이 넘쳐 사람들을 지배하는 유형이다. 성실하고 솔직담백한 행동가이자 실천가의 기질이 있다. 자신을 보호할 줄 알면서도 도량이 넓어 타인에게 안정감을 주며, 약자를 보호하고 지켜주려는 성향이 강하다. 신념에 흔들림이 없으며 명예와 권력을 지향하고, 임기응변에 강하며 결단력도 있는 강한 리더십을 보인다. 반면 다른 사람의 밑에서 일하는 것을 견디지 못하고, 늘 누군가를 통제하고 지배하려는 경향이 나타나기도 한다. 스스로 자신의 환경을 통제해야 한다고 느끼기 때문에 누군가에게는 지나치게 도전적이고 위협적으로 느껴질 수 있다. 좀처럼 자신을 남들과 가까워지도록 허용하지 않는다는 문제점도 있기 때문에 타인의 감정을 존중하고 그들과 협력하는 방법을 배워가는 것이 좋다. 이 유형은 최상의 상태에서 타인의 삶을 개선시키는 데 자신의 힘을 사용하며 영웅적인 면모가 강하기 때문에 역사적으로 위대한 업적을 남기기도 한다.

온화한 평화주의자(9번 유형)

사주명리학 유형: 토(土) 태과다, 토(土) 과다, 토(土)
발달

MBTI 유형: ENFP, INFP

늘 만족스럽고 평화로우며 느긋하고 잘 나서지 않는 유
형이다. 자신의 생각을 강요하지 않고 다른 사람의 기분을
이해해주는 원만한 성향으로 사람들과 잘 어울려 지낸다.
넓은 포용력으로 세상을 바라보는 시야를 가지고 있어 불
평불만이 없고, 기다리면 세상사가 잘 흘러갈 것이라는 생
각으로 인내심을 보인다. 늘 마음이 평온하지만 모든 상황
에서 갈등을 일으키지 않고 싶어 하기 때문에 문제가 생겼
을 때 이를 축소시키려고 하는 경향도 있다. 무사태평하여
주변 사람을 속 터지게 만들기도 하고, 때로는 수동적이고
고집스러워 보인다. 하지만 이 유형의 사람들에게는 사람들
을 화합시키고 갈등을 치유하는 힘이 있으며, 최상의 상태
에서는 어려움에도 쉽게 굴복하지 않고 모든 것을 포용하
는 능력을 발휘한다.

모든 사람은
두 개의 날개를 갖는다

에니어그램에서는 개인의 성격이 고정적인 것이 아니라 상황에 따라 다른 성향을 나타내거나 혹은 유연하게 변화하고 성장할 수 있다는 가능성을 다루고 있다. 그래서 한 사람이 꼭 하나의 유형에만 국한되는 것이 아니라, 다른 유형의 영향을 받아 더욱 입체적이고 다양한 성격을 드러낼 수 있다는 점을 강조한다.

여기에서 핵심적인 개념 중 하나가 바로 '윙wing'이다. 에니어그램의 9개 유형은 동그란 원 위의 9개 점을 선으로 이어놓은 모습으로 형상화하는데, 각 유형은 인접한 두 개의 유형과 연결된다. 특정 유형은 양 옆에 있는 두 개의 유형으로부터 영향을 받는데 이를 '윙wing'이라고 한다. 이는 개인의 주된 유형을 보완하거나 특정 상황에서 대처 방식을 다양화하는 역할을 하게 된다.

한 사람에게 두 윙의 특성이 모두 나타날 수도 있지만 대부분은 한 개의 윙이 더 강하게 영향을 미친다. 같은 유형이라고 해도 어느 쪽 날개의 영향을 많이 받느냐에 따라서 그 사람의 성격적인 표현이나 행동 방식이 상당히 달라질 수 있다. 이를 통해 개인의 성격을 보다 깊게 이해할 수 있을 뿐만 아니라, 인간관계 속에서 타인이 어떤 윙의 영향을 강하게 받고 있는지에 따라 그 사람을 더욱 입체적으로 이해하고 존중하는 데에도 도움이 된다.

자신의 유형	윙Wing	성격 특성
1번 유형	9번 유형	차분하고 유연하며 보다 온화한 완벽주의자
	2번 유형	따뜻하고 친절하며 타인과 관계를 중시하는 완벽주의자
2번 유형	1번 유형	체계적이고 윤리적인 도움을 주는 조력자
	3번 유형	야망 있고 인정 요구가 강하면서 도움을 주는 조력자
3번 유형	2번 유형	인간적이고 사교적이며 타인을 돕는 성취자
	4번 유형	창의적이고 감정 표현이 풍부한 개성 있는 성취자
4번 유형	3번 유형	외향적이며 목표 지향적인 예술가
	5번 유형	내향적이고 분석적이며 보다 지적인 예술가

5번 유형	4번 유형	감성적이고 창의적인 학자
	6번 유형	실용적이고 협력적인 학자
6번 유형	5번 유형	분석적이고 신중하며 문제 해결에 강한 충성가
	7번 유형	낙관적이고 활기차며 유연한 충성가
7번 유형	6번 유형	책임감 있고 신중하며 현실적인 성향을 가진 열정가
	8번 유형	목표 달성을 위해 행동하는 대담한 열정가
8번 유형	7번 유형	유머와 낙천적인 태도를 가진 대담한 리더
	9번 유형	갈등보다 조화를 추구하는 부드러운 권위자
9번 유형	8번 유형	결단력 있고 강인하며 행동 지향적인 평화주의자
	1번 유형	원칙적이고 윤리적이며 조화를 중시하는 평화주의자

03

오각형 속의
나를 발견하는 BIG5

개인의 성격은
스펙트럼 위에 존재한다

성격 유형 검사인 MBTI는 일반인들 사이에서도 친숙하게 다뤄지고 있지만 사실 현대 심리학에서 공식적으로 많이 쓰이는 검사법은 아니다. 현대 심리학에서 인간의 성격을 분석하고 설명하기 위해 쓰이는 가장 신뢰성 높은 이론은 바로 BIG5 모델이다. BIG5는 한 개인이 살아가는 과정에서 지속적이고 일관되게 나타나는 주요 패턴을 다섯 가지 항목으로 나누어서 설명한 것이다.

<Big5 성격 유형의 개념>

요인	개념
외향성(E)	대인 관계에서의 상호작용 및 활동 수준, 자극에 대한 욕구
친화성(A)	따뜻하고 친절하며 타인과 관계를 중시하는 완벽주의자
성실성(C)	목표 지향적 행동의 조직, 유지, 동기 정도
신경성(N)	심리적 불안정성, 비현실적 생각, 과도한 열망과 충동, 스트레스, 부적응적 대처 반응 수준
경험 개방성(O)	낯선 것에 대한 인내와 탐색 정도

출처: Costa & McCrae(1992) NEO-PI-R: Professional manual,
PL: Psychological Assessment Resources

BIG5 모델의 개발은 꽤 오랜 기간에 걸쳐서 이루어졌다. 1930년대부터 심리학자 고든 올포트*Gordon Allport*와 헨리 오데버트*Henry Odbert*가 사람의 성격을 설명하는 용어를 분류하기 시작했고, 1960년대에는 어니스트 튜피스*Ernest Tupes*와 레이먼드 크리스탈*Raymond Christal*이 BIG5의 초기 형태를 만들어냈다. 그리고 본격적으로 1976년에 심리학자 폴 코스타*Paul Costa Jr.*와 로버트 매크래이*Robert R. McCrae*가 BIG5를 체계화하고 발전시켜 지금의 모델에 이르게 된다.

BIG5를 검사하기 위한 방법으로는 NEO PI-R 성격 검사지가 쓰이는데, 총 240문항으로 구성되어 있을 만큼 체계적이고 신뢰성이 높은 이론이다. 2005년에는 일부 문항을 수정하고 업데이트한 NEO PI-3가 개정판으로 등장하기도 했다. 이를 통해 측정할 수 있는 BIG5의 다섯 가지 요인은 외향성*Extraversion:E*, 친화성*Agreeableness:A*, 성실성*Conscientiousness:C,* 신경성*Neuroticism:N*, 경험 개방성*Openness to Experiencn:O*이다.

이 다섯 가지 요인은 이를 통해 특정 상황에서 개인이 어떻게 행동할 것인지에 대한 경향성을 평가하고, 해당 요인이 삶의 행복이나 건강, 직무 역량, 학업 성취도, 인간관계 등에 미치는 영향을 들여다볼 수 있게 한다. 성격에 대한 포괄적인 이해를 통해 특별한 상황에서 독특한 개인 행동의 예측에도 도움을 줄 수 있다.

특히 BIG5는 성격의 특성을 하나의 고정된 유형으로 제시하는 것이 아니라, 이를 연속적인 스펙트럼상에서 파악한다는 특징이 있다. 예를 들어 우리는 흔히 '외향성'을 그 사람의 고정된 성향으로 인식하는 경향이 있는데, 실제로는 대부분의 사람들이 외향성과 내향성의 중간 정도의 어딘가에 위치해 있다. 또한 단일한 행동 패턴을 보이는 것이 아니라, 특정 상황에서는 사교적으로 행동하지만 또 다른 상황에서는 혼자 시간을 보내는 걸 선호하기도 한다.

BIG5는 이를 이분법적으로 분류하지 않고 연속적인 스펙트럼상에서 어디쯤에 위치하는지를 보다 세밀하게 분류하기 때문에 사람의 복잡한 특성을 입체적으로 파악할 수 있다는 장점이 있다.

MBTI는 사람의 성격을 16가지의 유형으로 분류하여 제시하고, 에니어그램은 사람의 핵심 동기나 행동 패턴을 아홉 가지로 나누어 설명한다는 점에서 보다 직관적이고 유형화된 정보를 제공한다.

이에 비해 BIG5는 한정된 유형이나 행동 패턴보다는 성격의 전반적인 경향에 대해 이해하는 데에 중점을 두기 때문에 비교적 세부적인 경향성을 파악하기에 좋고, 각 요인의 상대적인 위치를 보다 유연하고 정밀하게 이해하는 데에 적합하다.

나를 구성하는
오각형이 의미하는 것

───────── **주변과 상호작용하는 외향성** Extraversion

비슷한 사주명리학 유형: 오행의 화(火), 육친의 관성,
관다 사주, 재다 사주, 비다 사주, 화토다 사주, 양팔통
사주, 괴백양 3개 이상 사주

외향성은 코스타와 맥크레이의 정의에 의하면 '개인이
열정적으로 타인을 찾고 환경과 상호작용하는 것을 확인하
는 요인'이다. 쉽게 말해서 다른 사람과 함께 교류하고 어울
리는 것을 좋아하는 성향을 뜻한다.

외향성이 높을수록 사교적이고 쾌활하며, 상냥하고 사람
들과 어울리기 좋아해서 친구도 비교적 쉽게 사귄다. 즐거
움과 자극을 추구하고 흥분되는 일을 좋아하기 때문에 무
모한 모험도 마다하지 않는 경향이 있다. 흥이 많아서 매사
에 적극적이고 열정적이며 낙천적이기도 하다. 말을 많이
하고 당당하게 자기주장을 펼친다. 따라서 어떤 모임에서
든 사람들과 많은 이야기를 나누며 잘 어울리고, 그 모임의

리더가 되기도 한다.

외향성이 낮은 사람과 외향성이 높은 사람은 반대 개념
이 아니다. 외향성이 낮을수록 불친절하고 차가운 것이 아
니라 수줍음을 타고 조용하며 소수의 사람과 있거나 혼자
있을 때 편안함을 느끼는 독립적인 성향에 가깝다. 이들은
말이 별로 없고 자신의 속내도 잘 드러내지 않는다.

NEO-PI-R에서는 외향성을 따뜻함*Warmth*, 주장성
Assertiveness, 활동성Activity, 군집성*Gregariousness*, 긍정 정서
Positive emotions, 흥분 추구*Excitement seeking* 6개의 측면으로
설명하고 평가하고 있다.

──────── 우호적이고 협동적인 친화성 Agreeableness

비슷한 사주명리학 유형: 오행의 목(木), 목(木) 태과다
사주, 목(木) 과다 사주, 목(木) 발달 사주, 식상 태과다
사주, 식상 과다 사주, 식상 발달 사주, 수(水) 태과다
사주, 수(水) 과다 사주, 수(水) 발달 사주, 수목(水木) 태
과다 사주, 수목(水木) 과다 사주, 음팔통 사주, 귀문관
살이 많은 사주, 인성 태과다 사주, 인성 과다 사주, 인
성 발달 사주

우호성이라고도 하는 친화성은 대인 관계에서 다른 사람에 대해서 우호적이고 협동적인 성향을 뜻한다. 타인과 편안하고 조화로운 관계를 유지하는 정도를 확인하는 요인이다.

친화성이 높은 사람은 타인에게 온화하고 따뜻하며, 동정심이 많고 공감 능력이 뛰어나다. 사회적 조화를 중시하고 협력적이며 신뢰감을 바탕으로 친밀한 관계를 맺으려 한다. 이타적인 성향 덕분에 원만하고 친절한 모습을 보이며 배려와 겸손, 애정을 바탕으로 긍정적인 인간관계를 형성하는 데에도 능숙하다. 곤경에 처한 사람에게 대가를 바라지 않고 기꺼이 도우려 하며, 슬픔에 처한 이들에게는 감정 이입하여 함께 슬퍼해주는 성향이다. 이런 성향은 특히 서비스 분야에서 강점으로 작용할 수 있다.

친화성이 높을수록 너그러운 면이 많이 나타나는 한편 갈등 상황을 회피하거나 의존적으로 대처하는 경향을 보이기도 한다. 반대로 친화성이 낮으면 자기중심적이고 질투가 많거나 타인의 감정에 냉소적인 모습이 나타날 수 있다.

NEO-PI-R에서 친화성은 이타성 *Altruism*, 순응성 *Compliance*, 겸손함 *Modesty*, 온유함 *Tender-Mindedness*, 솔직성

Straight forwardness, 신뢰성 *Trust*의 6개 측면으로 평가한다.

───────────── ## 꾸준히 노력하는 성실성 Conscientiousness

비슷한 사주명리학 유형: 금(金) 태과다, 금(金) 과다, 금(金) 발달, 을목(乙木) 일간에 화(火) 태과다, 을목(乙木) 일간에 화(火) 과다, 을목(乙木) 일간에 수(水) 태과다, 을목(乙木) 일간에 수(水) 과다, 을목(乙木) 일간에 수(水) 발달, 정화(丁火) 일간에 수(水) 태과다, 정화(丁火) 일간에 수(水) 과다, 정화(丁火) 일간에 수(水) 발달, 정화(丁火) 일간에 토(土) 발달

성실성은 자기 조절을 잘하고 책임감이 강한 성취 지향적인 성향을 말한다. 목표를 성취하기 위해 꾸준히 노력하는 성향과도 관련이 있다.

성실성이 높은 사람은 매사에 자신의 원칙과 목표에 따라 계획을 세워서 일을 시작하고, 사회적인 원칙이나 규범을 지켜가면서 신중하게 일을 처리한다. 질서정연한 것을 좋아하여 자신의 목표와 원칙이 정해지는 순간부터 체계적으로 접근하고 논리적으로 분석해 이를 추구해나간다. 어

떻게 하면 일을 더욱 효율적으로 할 수 있는지 알고 있으며, 끈기 있게 그 일을 마무리해내는 모습을 보인다.

약속을 중요하게 생각하기 때문에 한번 맡은 일은 철저하게 해내며, 일의 시작도 미루지 않고 곧바로 착수하는 편이다. 그래서 사람들의 신뢰를 얻는다는 것은 장점이지만 자신은 물론 타인들에게도 높은 기준을 적용하여 판단하는 경향도 있다. 성실성이 낮을수록 끈기가 부족해서 하던 일을 끝까지 마무리하지 못하거나, 일의 시작을 미루다가 마감 시간을 어기는 일도 많다.

NEO-PI-R에서는 성실성을 유능성*Competence*, 신중성 *Deliberation*, 자기 절제*Self-Discipline*, 책임 의식*Dutifulness*, 질서정연*Order*, 성취 추구*Achievement Striving*의 6개 측면으로 평가하고 있다.

─────── 정서적 안정도를 보여주는 신경성 Neuroticism

비슷한 사주명리학 유형: 수(水)가 많은 사주, 음팔통 사주, 귀문관살이 있는 사주

신경성은 일상 속에서 개인이 겪는 어려운 경험에 대해

얼마나 정서적으로 안정된 상태를 유지하는지를 나타내는 특성이다.

신경성이 높을수록 정서적으로 불안정하고 예민하며, 쉽게 상처받거나 잘 긴장한다. 불안감이 높다 보니 작은 일에도 쉽게 우울해지고 화를 내며 신경이 금방 날카로워지기도 한다. 아직 일어나지 않은 나쁜 일에 대해 자주 상상하며, 최악의 상황이 닥칠까봐 미리 두려워하다 보니 스스로가 불행하다는 생각이 자주 들 수 있다.

또한 쉽게 스트레스를 받기 때문에 기분이 가라앉는 때가 많으며, 그 우울한 감정을 해소하기 위해 과식을 하는 등 좋지 않은 것을 탐닉하여 스스로에게 해가 되는 일을 하기도 한다. 자존감이 낮기 때문에 다른 사람들에게 쉽게 다가가지 못하고 조직 내에서 잘 어울리지 못하는 경향도 있다.

신경증 척도가 낮은 사람들이 꼭 정신 건강 수준이 높은 것은 아니지만 평온하고 쉽게 동요하지 않는 성향이라고 보면 된다. 또한 신경성이 높더라도 BIG5가 정신병리학적 진단으로 활용되지는 않는다.

NEO-PI-R에서는 신경성의 6개 측면인 불안*Anxiety*, 우울*Depression*, 자의식*Self-consciousmess*, 적대감*Angry ostility*, 충

동성*Impulsivity*, 스트레스 취약성*Vulmerability to stress*을 측정하고 있다.

열린 마인드의 경험 개방성 Openness to Experience

비슷한 사주명리학 유형: 토(土), 화(火) 태과다, 화(火) 과다, 화(火) 발달, 육친의 재성 태과다, 재성 과다, 재성 발달, 신살의 도화살

경험 개방성은 호기심이 많고 새로운 체험을 좋아하며 다양한 경험과 가치에 대해 열린 자세를 지니고 있는 개방적인 성향을 나타낸다.

경험 개방성이 높은 사람은 외부 세계에 관심이 많고 상상력과 호기심이 풍부하며 창의적인 사고를 하기 때문에, 새로운 기회를 접하거나 다양한 경험을 쌓는 걸 좋아한다. 고정관념에서 벗어나 개인의 심리를 중시하며, 경험의 다양성과 대상에 대한 개방성을 추구한다. 상상력이 풍부하고 모험을 두려워하지 않으며, 다방면에 걸쳐 지적 탐구심과 심미적 관심이 많다. 예술적인 경험 또한 중요시하여 문학, 음악, 미술 등 다양한 분야에 깊은 조예를 가지고 여러 체험

활동을 즐긴다.

경험 개방성이 높을수록 뛰어난 창의력으로 새로운 아이디어를 끝없이 생각해내기 때문에 주위 사람들에게 '특이하고 기발한 사람'이라는 소리를 듣게 될 수 있다. 상상력이 풍부하고 생각하는 것을 좋아하여 혼자서도 이런저런 다양한 공상을 하는 시간을 자주 갖는다.

NEO-PI-R에서는 경험 개방성의 6개 하위 영역을 상상력*Fantasy*, 심미안*Esthetics*, 지적 호기심*Ideas*, 감정 지각*Feelings*, 다양한 행위*Actions*, 가치 개방성*Values*으로 측정하고 있다.

점수보다 중요한 건
조화와 조합

BIG5 검사에서 드러나는 각 요인은 다양한 문화권에서 공통적으로 측정 가능한 보편성을 갖는 반면 그 해석이 모든 문화권에서 일괄적인 것은 아니다. 각 나라의 문화적 분위기에 따라, 또 개개인이 처한 환경이나 상황에 따라 똑같은 경향성이 강점이 될 수도 있고 혹은 약점으로 작용할 수도 있다. 예를 들어 외향성이 높아 자기 표현이 풍부한 성격을 서양 문화권에서는 긍정적으로 평가하는 반면 동양에서는 사람들과 잘 어울리는 조화로운 성격을 더 높게 평가할 수 있을 것이다.

또한 BIG5는 성격을 유형별로 구분하는 것이 아니라 각 요인의 점수와 조합이 결과를 해석하는 데 있어 더 중요한 영향을 미친다. 각 요인이 상호작용하면서 수없이 다양하고 입체적인 성격 유형을 형성하기 때문이다. 특정 요인이 강하게 나타난다고 해도 다른 요인이 영향을 미쳐 성격적 특징이나 행동 패턴이 달라질 수 있다.

예를 들어 외향성과 우호성이 모두 높은 사람들은 사교적이고 친근한 성향을 보이며 사람들과 잘 어울려서 금방 호감을 산다. 하지만 외향성은 높은데 우호성이 낮다면 활동적이면서도 때로는 자기 주장이 지나치게 강하거나 경쟁적인 성향을 나타낼 수 있다. 이런 경우에는 리더십을 발휘할 수 있지만 조직 내에서 때로 갈등을 겪게 되기도 한다. 외향성이 낮고 우호성이 높은 경우에는 활동적이지는 않지만 사람들과 조화로운 관계 형성을 잘하며, 외향성과 우호성이 모두 낮으면 사람들과 관계를 잘 맺지 않고 무관심한 태도가 드러날 수 있다.

또 다른 예로 경험 개방성과 성실성이 모두 높은 경우에는 창의적이면서도 이를 현실적이고 실질적인 성과로 연결할 수 있는 실행력이 나타난다. 경험 개방성이 높고 성실성이 낮으면 아이디어는 풍부하지만 지나치게 이상적인 목표를 세우거나, 하나의 일을 끝까지 마무리하지 못하고 다소 산만하여 금방 관심을 옮기는 경우가 많다. 경험 개방성이 낮고 성실성이 높으면 꼼꼼하고 효율적으로 일을 수행하지만 새로운 아이디어에 대해서는 다소 보수적일 수 있다. 개방성과 성실성이 모두 낮은 사람은 변화나 도전에 관심이 적고 행동력도 부족하여 책임 있는 역할을 수행하기는 어려운 행동 패턴을 보인다.

이와 같이 각 요인의 상호작용에 따라 개개인의 성격은 넓은 스펙트럼 내에서 설명될 수 있다. 특정 점수가 높다고 해서 좋거나 나쁜 것이 아니라, 각 요인의 상호작용과 개인이 처한 환경이나 상황의 맥락에 따라서 다양하게 이해할 수 있다고 보면 된다.

특정 요인의 점수가 낮다고 해도 어떤 상황에서는 강점

으로 작용할 수 있기 때문에, 자신의 성향에 적합한 환경을 찾거나 부족한 부분을 보완하는 식으로 활용하는 것이 바람직하다.

04

우주의 기운으로
운명을 설계하는 사주명리학

내 인생은
어떻게 흘러갈까

내 인생은 어디쯤에 와 있고, 또 어떻게 흘러 갈지 한 번쯤 막연히 궁금해한 적이 있을 것이다. 그래서 새 해가 되면 그 해의 운세를 점치고자 사주를 보는 사람들이 많다. 사주명리학은 생년월일과 태어난 시간을 바탕으로 사람의 운명이나 성격을 분석하는 학문이다. 특히 인생의 중요한 결정을 앞두었을 때, 자신이 타고난 기운과 인생의 흐름을 이해함으로써 더 나은 선택의 방향을 설정하거나 다가을 기회를 준비하는 데 도움을 받을 수 있다.

사주명리학이 단순히 현재와 미래에 일어날 일을 예측한다고 생각하는 경우가 많은데, 특정 시기에 맞는 운이나 기회의 흐름을 예측하는 것은 맞지만 그렇다고 해서 예언의 성격을 갖는 것은 아니다. 개인에 대한 깊은 이해를 바탕으로 좀 더 좋은 방향성을 제시해주며, 내면을 성찰하고 어려움을 극복하거나 부족한 부분을 보완하여 삶의 균형을 찾을 수 있도록 해주는 도구라고 볼 수 있겠다.

사주명리학에서는 일종의 달력이라고 할 수 있는 '만세력'을 통해 그 사람의 사주팔자(四柱八字)를 확인하고 해석한다. 예전에는 전문적인 책이나 표를 확인해야 했지만 이제는 포털 사이트에서 만세력 프로그램을 검색하는 것만으로도 쉽게 자신의 사주팔자를 확인할 수 있다. 이름과 생년, 생월, 생일, 생시를 입력하면 그에 해당하는 결과가 나온다. 네 개의 기둥으로 이루어진 여덟 글자에서 각 기둥은 천간과 지지로 이루어져 있고, 각각이 해당하는 특정 오행과 그 비율도 확인할 수 있다.

천간과 지지, 오행은 사주명리학에서 쓰이는 주요 개념인데 특히 가장 중요한 개념이 바로 오행(五行)이다. 오행은 우주와 자연의 모든 현상을 나무(木), 불(火), 흙(土), 금(金), 물(水)의 다섯 가지 원소로 분류한 것이다. 오행은 서로 상생하거나 대립하는 등 상호작용하는 관계이며, 이를 바탕으로 계절, 시간, 방향, 색상, 성격, 직업 적성, 직무 역량, 건강 등 다양한 인간의 삶을 분석해낼 수 있다.

또 천간과 지지는 개인의 연월일시에 한 쌍으로 나타나 개인의 성향이나 시기별 운세를 분석할 수 있게 해주는 요소다. 천간은 하늘의 기운을 나타내는 10가지 요소로 갑(甲), 을(乙), 병(丙), 정(丁), 무(戊), 기(己), 경(庚), 신(辛), 임(壬), 계(癸)로 이루어져 있고, 지지는 땅의 기운을 나타내는 요소로 자(子), 축(丑), 인(寅), 묘(卯), 진(辰), 사(巳), 오(午), 미(未), 신(申), 유(酉), 술(戌), 해(亥)로 이루어져 있다. 각 천간과 지지는 목, 화, 토, 금, 수의 오행에 해당한다.

예를 들어 '1992년 양력 12월 4일(음력 11월 11일) 오전 10시' 사주를 입력하면 다음과 같은 '사주팔자(四柱八字)'가 나온다.

표를 살펴보면 천간과 지지가 각각 목, 화, 토, 금, 수의 어느 오행에 속하는지 그 비율을 확인할 수 있다. 일반적으로 만세력 프로그램에서는 오행의 과부족을 알 수 있도록 시

	시주	일주	월주	연주
천간	정재 己 기토	비견 甲 갑목	정관 辛 신금	편인 壬 임수
지지	식신 巳 사화	비견 寅 인목	편인 亥 해수	편관 申 신금

각화해주는 경우가 많은데, 주로 파란색은 목(木), 빨간색은 화(火), 노란색은 토(土), 흰색은 금(金), 검정색은 수(水)로 표시된다. 위 사주를 살펴보면 목(木)은 2개, 화(火)는 1개, 토(土)는 1개, 금(金)은 2개, 수(水)는 2개로 구성되어 있다. 여기에서는 오행과 육친의 점수 없이 개수만 표시되어 있는데 사실 개수만으로 전문가 수준의 분석을 하기엔 한계가 있다.

그러나 만세력에서 오행의 분포를 확인하는 것만으로도 비전문가인 개개인이 어느 정도 자신의 성격이나 운세에 대해 대략적으로 해석하는 정도는 충분히 가능하다. 오행의 균형이 잘 이루어져 있을 때 조화롭고 안정된 삶의 흐름이 나타나고, 특정 오행이 부족하거나 과대한 경우에는 한쪽으로 치우치거나 삶의 결핍 요소가 나타날 수 있다. 이를 고려하여 삶을 예측하고 보완한다면 방향성을 설정하는 데 도움을 받을 수 있을 것이다. 이렇게 자신의 성향과 운세를 들여다보는 것은 우리가 살아가면서 운명에 몸을 내맡기라는 것이 아니라, 직접 더 나은 선택과 결정을 할 수 있는 중요한 참고 자료가 되어주는 일이다.

우주와 자연의
기운을 담은 오행

작은 것, 약한 것, 불쌍한 것에 대한 끝없는 관심과 사랑을 주는 목(木)

자세히 보아야 예쁘다

오래 보아야 사랑스럽다

너도 그렇다

1부 사람을 읽다

목(木)은 땅에 뿌리를 내린 상태에서 조심스럽고 은근하게 뻗어가고자 하는 꾸준한 기질을 가지고 있다. 목(木)이 많으면 뿌리와 같은 근본과 기본을 벗어나지 않으면서도 가지를 뻗어내듯 자신의 성장과 명예를 추구하고자 하는 성향이 나타난다.

목(木)의 기운이 강한 사람들은 외부에 대해 침착하고 만족스러운 얼굴을 나타내며 과묵하고 수줍은 듯한 모습으로 보인다. 세상에 대한 흥미가 크고 대의에 대한 관심도 많다. 자신에게 맡겨진 일을 잘 처리하고, 배우자나 친한 사람과의 약속을 가능한 지키고자 노력하며 분쟁을 피하고 조화롭게 살고자 하는 성향이다. 타인을 배려하고 인간관계를 다른 무엇보다 중요하게 생각한다. 그래서 전화나 메시지, 이메일을 통해서라도 관계를 지속시키며 인간관계를 유지하기 위하여 힘쓴다.

이들이 가지고 있는 탁월한 상상력이나 육감, 직관력 등은 주변을 놀라게 하며 조언자로서도 최상의 능력을 발휘한다. 사람들과 어울리고 분위기를 주도하는 데 능숙하며 특히 사람과 사람 사이에서 발생한 문제를 잘 해결하는 능력이 있다. 목(木) 유형에게 친한 사람들이 부탁을 해왔는데 한마디로 거절하거나, 어려움을 겪는 사람을 무시하는 일은 상상할 수 없는 영역이다. 타인에게 사랑을 받는 것보다 자신이 사랑을 주는 것을 더 행복하게 느끼는 사람이기 때문이다.

다만 타인에게 보여주고 싶은 욕망이 강하게 발휘되어 간혹 과도한 물품 구매 소비 심리가 나타나기도 한다. 타인을 위한 씀씀이가 커서 술값, 밥값을 과도하게 계산하거나 엉뚱한 선물을 구매하느라 금전적 어려움을 겪을 수 있다. 그 탓에 정작 자신에게 꼭 필요한 물건은 구매하지 못하거나, 경제적으로 어려워서 타인에게 베풀 수 없는 상황이 되면 만남 자체를 피하거나 자신을 폐쇄시키는 경우도 발생한다. 또한 칭찬받으려는 욕망이 너무 강해서 누군가 자신을 비판하거나 충고하면 금방 토라지면서 충고한 사람과의 관계를 단절하기도 한다.

안정된 가정 환경과 교육 환경을 거치며 자랐다면 긍정적인 성격 특성이 나타나고 균형 잡힌 삶의 방식으로 살아가게 된다. 반면 가정 환경이나 교육 환경이 불안정하여 부모와 생사이별을 하였거나 폭력적인 부모나 배우자로 인한 상처가 심하고 차별을 많이 받았다면 부정적 성격 특성이 나타나며 불안정한 삶의 방식을 겪게 될 수 있다.

목(木)이 강한 유형과 잘 지내려면 그 사람의 착한 행동과 따뜻한 마음, 열정적인 행동에 대해 칭찬하고 긍정적인 피드백을 해주는 것이 좋다. 목(木) 유형은 누군가와 친밀한 관계가 되었을 때 상대에게 열중하지만, 상대가 자신에게 없어서는 안 되는 존재가 되어놓고 언젠가는 자신을 떠날 것이라고 생각한다. 그러한 의존과 집착에 대해 이해하고, 비판할 때는 부드럽고 요령 있게 대해주어야 한다.

목(木)이 발달한 사주의 대표적인 인물 중에는 황희 정승이 있다. 조선 전기의 문신이었던 황희 정승은 1363년 3월 8일(양) 2월 22일(음) 사(巳)시 출생으로 목(木) 발달 또는 과다 사주를 가지고 있다.

여종들이 서로 자기 말이 맞다고 다투다가 누가 옳은지 결정을 내려달라며 황희 정승을 찾아왔다는 일화는 유명하다. 한 여종의 말을 들은 황희 정승은 "네 말이 옳다"라고 했지만, 다른 여종의 말을 듣고도 "네 말도 옳다"고 했다. 옆에서 지켜보던 조카가 "판단이 너무 흐릿하십니다"라고 지적

하자 조카에게도 "네 말도 옳구나" 했다고 한다.

황희 정승은 정사를 볼 때는 강직하고 소신 있게 할 말을 다했지만 아랫사람들에게는 너그럽고 온화했다고 전해진다. 인간에 대한 배려와 따뜻한 마음을 가진 그는 목(木) 기운이 발달한 인물의 상징이라고 할 수 있다.

목(木) 오행은 어떻게 행동할까

▶ 내담자로 방문한다면

목(木) 오행 유형의 내담자는 미래를 족집게처럼 맞춰주길 바라기보다 따뜻한 상담(相談)을 선호한다. 미래를 예측하는 형태의 상담은 부정적 미래를 이야기하면서 굿이나 부적 등을 강요하는 경우가 많은데 이 유형의 내담자는 상담 중 무언가 강요받는 것을 싫어하고 거부한다.

▶ 남북 교류로 금강산 여행을 간다면

여행을 앞두고 준비물은 적당히 챙기고, 금강산에 도착하여 그곳 안내원들과 막걸리라도 한잔 먹으며 이야기를 나누고 싶어 한다. 풍경을 감상하는 것도 좋지만 무엇보다 그들이 어떤 사람인지에 대한 인간적인 궁금증을 갖는다.

▶ 목(木) 오행 유형 남자와 수(水) 오행 유형 여자가 연인이라면

목(木) 오행 유형 남자는 감정이 풍부하고 배려심이 많은 로맨티스트이다. 이들은 내면에 집중하며 따뜻하고 온정적인 마음을 중시하므로 연인과 강렬한 정서적 교감을 추구한다. 낭만적인 동시에 이타적이며 헌신적이고 책임감이 강하다. 음식을 선정할 때도 배려적이고 이타적인 모습이 강해 연인이 좋아하는 음식이 무엇인지 연인의 의견을 묻는다. 수(水) 오행 유형의 여자는 조용하고 신중하며 조심스러우면서 개인주의 성향이 강하다. 겉으로 드러나지는 않지만 속으로 호불호가 확실하고 자기 주관이 뚜렷하다. 처음부터 매우 신중하게 관계를 맺기 때문에 인간관계가 좁으며 연애를 하면 다양한 요소들을 고려한다. 생각이 많은 한편 결단력이 부족하여 상대가 이끌어주길 바라는 편이다. 그래서 목(木) 유형의 남자가 자신을 배려하여 어디에서 만날지, 무엇을 먹을지 물으면 여자 입장에서는 그가 우유부단하게 느껴질 수 있다. 결혼 후 책임감 있게 가정을 이끌어가는 타입이 아닐 것 같다는 두려움이 생기며 서서히 만남을 멀리하게 된다.

감수성이 예민하고
감정 표현이 거침없는 예술가 화(火)

성공의 비결은

남들이 잘 때 공부하고,

남들이 빈둥거릴 때 일하며,

남들이 놀 때 준비하고,

남들이 그저 바라기만 할 때

꿈을 갖는 것이다.

- 윌리엄 아서 워드 -

불은 작은 불씨가 큰 화재로 이어질 수도 있고, 또 큰 불
이라도 한순간에 꺼져버릴 수도 있다는 특징이 있다. 그렇
듯 화(火)가 많은 사람은 감정의 기복이 큰 편이다. 어떤 상
황에 처했을 때 자신의 감정을 그대로 명확히 표현하는 경
우가 많다.

어린 사람이 웃어른에게 불손하거나 부하 직원이 상사에
게 불량스럽게 대하면 그냥 보아 넘기지 못하는 타입이기

에 예(禮)를 상징하는 성향으로도 볼 수 있다. 다만 화(火)가 발달된 사람은 옳고 그름을 정확하게 판단하는 반면 화(火)가 과다한 사람은 앞뒤 가리지 않고 급하게 행동하게 된다. 즉 발달된 사람은 예의가 바르지만, 과다한 사람은 오히려 자신의 성격을 자제하지 못하며 타인을 무시하는 무례한 사람이 될 수 있는 것이다.

화(火)가 발달한 유형은 자신의 배우자 및 자녀, 가족들과 함께 시간을 보내는 것에 많은 의미를 둔다. 가까운 사람과의 친밀감이 그들을 편안하게 해주기 때문이다. 자연 속의 소소한 아름다움에도 감동하는 정서적인 면이 강하고 문화 활동도 좋아한다. 연주회, 전시회, 문학 행사, 관람회, 뮤지컬, 콘서트 등을 관람하는 것이 자신의 정서 함양과 품격 향상에 도움이 된다고 생각해 부지런히 참석하는 경향이 있다. 또는 백화점에서 특별한 옷이나 장식품을 쇼핑하거나 책방에서 자신의 정신 세계를 풍요롭게 해줄 책을 뒤적이고 있을 수도 있다.

좋아하는 분야에 대해서 강렬한 열정과 해박한 지식을 드러내기 때문에 사업을 할 경우 자신만의 독창성과 창조성을 바탕으로 열정적으로 임한다. 또한 오감을 사용하여 직접 확인하고 인식하여 실천하는 감각형의 특징도 지니고 있다.

다만 화(火)가 과다하게 많은 유형은 경계성 성격 장애와도 비슷한 면이 있다. 이를테면 대수롭지 않은 일에도 크게 화를 내거나 싸우는 경우가 많고, 감정 기복이 심하며 변덕스럽다. 항상 자신의 공허함과 애정 결핍을 채워줄 상대방을 찾는데 누군가를 매우 높이 평가했다가도 사소한 일로 실망하면 금세 저주를 퍼붓는다.

화(火) 유형과 잘 지내려면 칭찬을 자주 하는 것이 좋다. 특히 패션 감각, 심미안, 감각적이고 예술적인 면, 정신적인 세계에 대한 특별함을 칭찬하고 그들이 가진 직관력과 감수성에 대해 칭찬해주면 친밀감이 올라갈 수 있다. 간혹 예민해져 있더라도 과민 반응을 보인다고 비판하지 않는 것이 좋다. 다양한 상황이나 문제를 즉각적으로 분석해내고, 여러 관점을 하나로 통합하고 융합하는 능력을 인정해주면 서로 호의적인 관계를 형성해나가게 된다.

화(火)가 발달한 사주의 대표적 인물로 사업가로 잘 알려진 백종원 대표가 있다. 백종원 대표는 1966년 1966년 7월 20일(음) 09시, 충남 대전시에서 태어났다. 그는 초등학생

때 음료수 공병을 모아 고물상에 내다 팔아 돈을 모을 정도로 어릴 때부터 장사꾼 기질이 있었다고 한다.

연세대학교 재학 시절에는 아르바이트하던 호프집을 한 달 만에 인수했다가 가족의 반대로 군 입대를 했다. 전역 후에는 쌈밥집을 인수하는 한편 목조 주택 사업에도 뛰어들어 한 해에 무려 50억의 매출액을 달성해냈다. IMF 사태로 사업이 망하면서 큰 빚을 지고 극단적인 생각까지 한 적이 있었으나, '식당을 운영해 빚을 모두 갚겠으니 기회를 달라'고 채권자들을 설득해 기어코 재기에 성공했다. 그는 '한신포차', '본가', '해물떡집0410', '새마을식당', '빽다방', '홍콩반점0410' 등의 각종 브랜드를 성공시키며 승승장구하다가 현재는 대한민국에서 가장 유명한 외식 경영 전문가로 자리매김했다.

백종원의 행보를 살펴보면 자신이 좋아하는 분야에 대해서 강렬한 열정을 바탕으로 임하는 모습을 볼 수 있다. 또한 남들이 다 가는 길을 그대로 답습하는 것이 아니라 자신만의 독창성과 창조성을 바탕으로 끊임없이 새로운 길을 탐색하고 성공해가는 화(火)의 특성이 드러난다. 〈골목식당〉과 같은 방송 프로그램에서 그는 자신의 지침을 제대로 따르지 않는 식당 사장들에게 매우 단호한 모습을 보이기도 하는데, 그 역시 화(火) 유형의 전형적인 모습이다.

화(火) 오행은 어떻게 행동할까

▶ 내담자로 방문한다면

화(火) 유형의 내담자는 어떤 방법으로 어떻게 노력하면 운명을 바꿀 수 있을지 간단명료하게 설명해주는 상담자를 선호한다. 미래를 예측하기보다는 구체적인 대안을 제시해주기를 바라는 유형이다.

▶ 남북 교류로 금강산 여행을 간다면

여행이 결정되고 나서도 미리 여행 준비를 하지 않고 전날이나 당일에서야 후다닥 가방을 싸서 출발한다. 금강산 여행의 다양한 코스를 즐기는 것보다는 정상에 꼭 올라갔다 오겠다는 굳은 결의를 지니는 타입이다.

▶ 화(火) 오행 남자와 수(水) 오행 유형의 여자가 부부라면

화(火) 오행 유형은 성격이 급하고 배고픈 것을 잘 참지 못한

1부 사람을 읽다

다. 이 유형의 남편은 퇴근하자마자 아내에게 전화하여 밥을 차려놓으라고 하고는 일방적으로 전화를 끊는다. 수(水) 오행 유형의 아내는 남편이 원하는 메뉴를 물어보려고 하지만 전화는 벌써 끊겼고 급하게 식사 준비를 한다. 식사 준비가 거의 다 되었지만 남편은 아직 밥상이 차려지지 않은 모습을 보면 버럭 화를 낸다. 막상 밥상이 다 차려지면 남편은 금방 기분이 풀려서 어느새 부드러운 말투로 바뀐다. 이런 일이 반복되면 아내의 기분은 풀리지 않았지만 겉으로 표현하지 못하여 마음에 담아둔 채로 부정적 감정이 쌓여갈 수 있다.

온화하고 포용력 있는 중재자 토(土)

나 보기가 역겨워

가실 때에는

말없이 고이 보내 드리우리다

영변에 약산(藥山)

진달래꽃

아름 따다 가실 길에 뿌리우리다

가시는 걸음걸음

놓인 그 꽃을

사뿐히 즈려밟고 가시옵소서

나 보기가 역겨워

가실 때에는

죽어도 아니 눈물 흘리우리다

- 김소월 〈진달래꽃〉 -

    토(土)는 나무, 불, 물, 금속, 바위를 모두 품을 수 있는 넓은 포용력을 지닌 따뜻한 성향의 사람이다. 그러나 너무 넓은 마음으로 인해 순간마다 주변 상황에 쉽게 휩쓸리기도 한다는 단점이 있다. 주변에 목(木)이 많으면 목의 성향을, 화(火)가 많으면 화의 성향을, 금(金)이 많으면 금의 성향을, 수(水)가 많으면 수의 성향을 따라가며, 계절에 맞춰 스스로를 지키기보다는 계절의 오행에 맞춰 자신을 희생하고 조화하려는 경향이 있다.

마음속은 바쁘고 힘들더라도 겉으로 드러나는 모습은 느긋하고 유유자적한 타입이다. 마치 호수의 수면 아래로는 부지런히 물갈퀴를 움직이지만 수면 위에서는 우아하고 평온하게 떠 있는 백조의 모습과도 같다. 언제나 평온하고 여유로워 보이며, 실제로도 자신이 신중하게 결정한 일에 대해 쉽게 바꾸지 않는다.

또한 자신에게 중요한 일과 일상적인 일의 구분이 잘 되지 않아 우선순위가 뒤섞이고 쉽게 산만해지기도 한다. 꼭 해야 하는 일을 뒤로 미뤄두고 영화를 보거나 집안일을 하는 식이다. 또 한쪽으로 치우치지 않고 전체의 입장과 의견을 골고루 듣고 중재하려 하기 때문에, 이쪽도 저쪽도 다 맞는 것 같아 선택하기 어려운 상황이 자주 생긴다.

이 유형과 잘 지내려면 그들의 봉사하는 성향을 이용하려 들지 말고 진정성을 가지고 대해야 한다. 무리한 기대나 명령은 피하고, 대화할 때 이야기를 충분히 들어주고 약속을 정할 때도 여유를 주는 것이 좋다. 섣부른 판단을 하기보다 부드럽고 차분하게 대화하는 것이 중요하다. 대화를 좋아하지만 말다툼과 같은 갈등을 피하는 성향이 있어 공격적이거나 강요하는 태도는 오히려 상황을 회피하게 만들 수 있다. 지나치게 밀착하여 접근하기보다 고요하고 평화로운 내면의 세계를 존중하며 대해주어야 한다.

토(土)가 발달한 사주의 대표적 인물 중 하나인 장일순 생명 운동가는 1928년 9월 3일(음) 미(未)시에 태어났다. 사회 운동가이자 교육자이며 생명 운동가였던 무위당 장일순은 '더불어 사는 삶'을 강조하며 도농 직거래 조직 한살림을 만들었다. 독실한 카톨릭 신자였지만 다른 종교도 배척하지 않고 포용하는 모습을 보였다. 민주화 운동에 참여할 때는 본인을 드러내기보다 사람들을 뒤에서 돕고 지원하는 방식을 택했다.

이런 장일순 선생에게서는 토(土) 발달의 성향을 고스란히 엿볼 수 있다. 이들은 모나지 않고 포용력이 있으며, 자기와 다른 생각을 가진 이들도 수용하고 관대한 모습을 보인다. 장일순 선생은 바쁜 와중에도 자신을 찾아오는 이들을 늘 친절하고 따뜻하게 맞이했다고 알려져 있다. 말과 행동을 조심하고 겸손한 것 역시 토(土)가 발달한 이들에게서 볼 수 있는 모습이다.

토(土) 오행은 어떻게 행동할까

▶ 내담자로 방문한다면

토(土) 유형의 내담자는 상담자의 설명에 무한정 긍정적인 피드백을 주고받으며 적극적으로 수용하는 모습을 보인다. 순간적인 대처 능력이 뛰어나고 직접 얼굴을 마주하고 상담할 때 더욱 자신감을 가지고 이야기하는 타입이다.

▶ 남북 교류로 금강산 여행을 간다면

여행 준비를 할 때는 북한에서 위협적으로 느낄 법한 물건은 절대 챙기지 않는다. 정해진 여행 스케줄을 따르지만 함께 가는 가족이나 지인들에게 즐거운 코스가 되었으면 하는 바람이 크다. 또 북한 안내원의 심기를 건드리지 않도록 함께 여행을 떠나는 사람들에게 반복적으로 당부하는 말을 한다.

▶ 토(土) 오행 유형 엄마와 금(金) 오행 유형 아들이라면

금(金) 오행 유형의 아들이 책임감이 강하고 자기 관리를 하는 모습을 보일 때 토(土) 오행 유형 엄마는 옆에서 이야기를 들어주고 도와주기 때문에 매우 잘 어울린다. 다만 간혹 아들이 선생님이나 반 아이들과 갈등이 생겨 등교를 거부하더라도 이 유형의 엄마는 갈등을 회피하기 때문에 싫은 소리를 하지 못하는 경향이 있다. 단호하게 교육시키기보다 아들에게 끌려가는 형태가 되어 필요한 훈육을 하지 못하는 상황을 경계할 필요가 있다.

신념이 강하고
계획적인 원리원칙주의자 금(金)

매일 아침

그날 해야 할 일을 계획하고

그 계획에 따라 사는 사람은

바쁜 삶 속에서 자신을 인도해주는

줄을 잡고 있는 것이다.

그러나 계획 없이 모든 일을

우연에 맡기게 된다면,

항상 삶이 혼란스러울 것이다.

- 빅토르 위고 -

금(金)은 바위, 돌, 금속, 광물 등을 상징한다. 어떤 일의 맺고 끊음이 분명하며 한번 한 약속은 보증 수표와 같다고 할 만큼 신뢰할 수 있는 유형이다.

내성적 금(金)의 성향을 가진 사람들은 가정이나 직장에서 비교적 조용하고 진지하며 참을성이 강하고 자신의 생각을 쉽게 겉으로 드러내지 않는다. 허세가 없고 일을 잘하며 준비가 철저하고 완벽한 것, 세부적인 것, 옳고 실질적인 것, 계획적인 것에 대해 큰 흥미를 느낀다. 만약 투자를 한다면 안정성에 관심이 높고 실질적인 절차를 중요하게 여길 것이다.

사람보다 일이 우선시되는 경향이 있어 자칫 차가워 보일 수 있지만, 자신의 뜻을 관철하는 만큼 책임과 의무를 다하는 믿음직스러운 구석도 있다. 부모로서는 자녀에게 일관성을 가지고 교육하며 가정 규율은 엄격하게 두는 편이다. 요란한 말투나 화려한 옷차림, 허례허식을 싫어하며 정갈하고 질서정연하게 정돈된 가정 환경을 선호한다.

원리원칙을 중요시하고 조직적이며 질서 있는 것을 선호하기 때문에 일이 잘 정리되고 계획되어 있는 상태에서 편안함을 느낀다. 맞춤법을 틀리는 등 정확하지 않은 문자를 신경에 거슬려하는 경향도 있다. 영화 〈악마는 프라다를 입는다〉의 편집장 '미란다'도 금(金)이 적절하거나 과다한 금비다, 금관다의 특성을 보인다.

금(金) 유형과 잘 지내려면 목표에 대한 성취를 인정해주는 것이 좋다. 갈등이나 다툼이 있을 때는 회피하지 말고 문제 해결을 위해 노력하고 있다는 것을 보여주어야 신뢰를 얻을 수 있다. 불평불만을 잘 들어주고 충고에 귀 기울여주며, 잘못에 대해서는 곧바로 인정하면 부드럽고 너그러운 반응을 보여준다. 아무리 화가 나더라도 비판보다는 칭찬과 격려가 도움이 된다는 점을 인지시켜주는 것도 좋다. 원칙을 존중한다는 것을 보여주고, 한번에 설득하려고 하기보다 논리적이고 단계적으로 설명하고 설득하는 것이 효과적이다.

금(金)이 발달한 사주의 대표적 인물로 조선의 충무공 이순신 장군이 있다. 이순신 장군은 1545년 4월 28일(양) 해

(亥)시에 태어났다. 그는 철저한 준비와 철두철미한 계획을 바탕으로 전쟁에서 완벽한 승리를 이끌어냈다. 원칙주의자로서 전쟁 중 도망가는 병사들은 용서하지 않았다고 한다.

이순신 장군과 같이 금(金)이 발달한 이들은 맺고 끊는 게 정확하며 결단력이 있다. 한번 시작한 일은 과감하고도 신속하게 추진하며, 끝맺음을 확실히 하려 노력한다. 또한 불의를 참지 못해 직접 나서는 의협심 강한 모습도 드러난다. 상황에 따른 대처와 판단력이 빠른 것도 이들의 장점이다.

금(金) 오행은 어떻게 행동할까

▶ 내담자로 방문한다면

반드시 궁금한 내용을 미리 적어서 가져온다. 상담 선생님의 이야기보다는 자신이 궁금한 내용을 우선적으로 해결하고 싶어 한다.

▶ 남북 교류로 금강산 여행을 간다면

금(金) 유형은 여행을 앞두고 6개월에서 1년 전부터 미리 계획을 세운다. 여객선이 보험은 들었는지, 안전은 보장되는지도 철저히 확인한다. 5박 6일의 여행이라면 양말과 속옷 개수부터 치약은 얼마나 필요한지까지 정확히 맞춰서 준비해둔다. 출발부터 도착까지 스케줄이 어긋나면 견딜 수 없는 스트레스를 받으며 정확히 스케줄대로 움직일 때 안정감을 느낀다.

▶ 금(金) 오행 유형 남자와 수(水) 오행 유형의 여자가 연인이라면

금(金) 유형의 남자는 정확하고 체계적이며 신중하고 책임감이 강하다. 매우 보수적이고 틀에 짜여진 공간 안에서 안정감을 느낀다.

여자친구와 데이트를 할 때는 미리 근처의 식당 정보를 검색하고 가격 대비 음식 맛은 괜찮은지까지 미리 구체적으로 알아보고 준비한다. 데이트 후에는 여자친구가 집에 가는 경로까지 알려주며 잘 도착했는지 전화로 확인하는 타입이다. 수(水) 유형의 여자친구는 남자친구가 정해주는 대로 움직이는 데 오히려 편안함을 느낀다. 생각이 많고 불안함을 가지고 있기 때문에 모든 것을 주도적으로 계획하고 안내해주는 금(金) 유형의 남자에게 자신의 미래를 맡겨도 좋겠다는 안정감을 갖게 된다.

▶ 금(金) 오행 유형 부모와 목(木), 화(火), 토(土) 유형의 자녀라면

강한 책임감과 근면 성실 노력을 기본으로 하는 금(金) 오행 유형 부모는 자녀들의 재능, 친구, 놀이 등의 관계보다 숙제, 교육, 취업, 결혼, 예의범절 등의 규칙과 규범을 중시한다. 자녀의 작은 잘못과 실수도 비판하며 시정하기를 요구할 수 있다. 목(木)이나 화(火), 토(土) 오행 유형의 자녀는 자유롭고 개방적인 성향이기 때문에 이를 통제하려고 하는 금(金) 유형의 부모와 충돌할 가능성이 높다.

───────── **오래 생각하고 자세히 설명하는**

정보 수집가 수(水)

죽는 날까지 하늘을 우러러

한 점 부끄럼이 없기를,

잎새에 이는 바람에도

나는 괴로워했다.

별을 노래하는 마음으로

모든 죽어가는 것을 사랑해야지

그리고 나한테 주어진 길을

걸어가야겠다.

오늘 밤에도 별이 바람에 스치운다.

- 윤동주 〈서시〉 -

물이란 항상 땅 밑으로 숨어버리려는 성질이 있다. 그래서 수(水)와 관련된 사주를 가지고 있는 사람은 자신을 쉽게 드러내지 않는 경향이 있다. 배짱이나 추진력을 가지고 나서기보다 작은 집단이나 대중 속에 섞여드는 것을 원한다.

수(水)가 발달한 유형은 논쟁이나 불화가 없는 평화로운 환경을 선호한다. 늘 머릿속에서 혼자 생각하고 걱정하기 때문에 다른 사람들에 비해 두려움이나 공포도 더 많이 느낀다. 그래서 안전하고 혼자 있어도 지지받는 느낌이 드는 공간, 밤늦게까지 방해받지 않고 자유롭게 있을 수 있는 공간에 머물고 싶어 한다. 단순하고 반복적인 루틴을 좋아해서 하루 종일 자기만의 공간에서 자유롭게 먹고, 공부하고,

1부 사람을 읽다

썼고, 책을 읽고, 정보 수집을 하고 몇몇 사람과 만나는 편안한 일상에 만족한다. 다만 혼자 안정된 공간에 있을 때도 과도한 걱정이나 커다란 욕망 등 다양한 상상에서 완전히 벗어나지 못하는 편이다.

생각이 많고 자신만의 의견이나 주장도 있지만 그걸 언어로 잘 표현하지는 못하고 속에 담고 있는 경우가 많다. 때로는 필요 이상으로 자신을 숨기고 개방하지 않으려고 하며, 일과 관련이 없으면 다른 사람의 일에도 직접적으로 관여하지 않는 편이다. 가까운 친구들을 제외하면 쉽게 말을 걸지 않고 새로운 사람들도 잘 사귀지 않는다. 외부 환경을 차단하고 자신의 관심사에만 깊이 몰두하는 경향이 강하다.

또한 논리적이고 분석적이며, 객관적으로 인생을 관찰한다. 객관적으로 비판하거나 명확한 사실에 기반하여 추론하는 일에 큰 관심을 가지고 있다. 실생활에 적응력이 뛰어나며 수학, 컴퓨터, 엔지니어링에 관심 있는 경우가 많고, 문학, 법률, 경제, 마케팅, 통계, 회계, 세무, 물리, 화학, 바이오 헬스 등의 다양한 분야에서도 흥미를 느낀다.

수(水) 유형과 잘 지내려면 다가올 위험이나 위기 상황을 예측하고 대비하는 능력을 높이 평가해주며, 작은 일이라도 그들에게는 매우 소중하고 중요할 수 있다는 점을 이해해야 한다. 모든 문제를 공유하는 솔직한 대화를 나누어 관계가 변하지 않을 것이라는 확신을 주는 것이 좋지만 과도한 친절이나 아부보다는 정확한 요점을 표현하는 것이 의사소통에 도움이 된다.

감정을 오래 쌓아두다가 한번에 폭발시키는 경향이 있으니 화가 났을 때는 물러나서 감정이 가라앉도록 기다려주어야 한다. 바로 부딪치기보다 특별한 시간을 정해서 구체적인 대화를 나누며 문제를 풀어나가고, 부정적인 결과보다는 희망적인 미래를 상상할 수 있도록 도와주는 것이 좋다. 불안과 걱정, 스트레스가 많은 유형이기 때문에 취미나 운동을 통해 긴장을 해소할 수 있도록 이끌어주는 것도 도움이 된다. 다만 어떤 일을 억지로 강요하기보다 적절한 시기에 자신의 생각을 행동으로 옮길 수 있도록 지지해주는 것이 필요하다.

수(水)가 발달한 사주의 대표적 인물은 정세랑 작가다. 1984년 9월 15일(양)에 태어난 정세랑 작가의 사주에서는 수(水) 일간, 수(水) 과다, 금(金) 발달에 귀문관살의 작용을 살펴볼 수 있다. 정세랑 작가는 고려대학교 역사교육과와 국어국문학을 복수 전공했고, 편집자로 일하다가 글을 쓰기 시작하여 대한민국을 대표하는 작가 중 한 명이 되었다. 정세랑 작가는 어느 인터뷰에서 이렇게 말한 바 있다.

"저는 한 사람의 내면을 파고드는 것을 잘하는 작가라기보다 사람들 사이의 상호작용에 대해 쓰는 작가인 것 같아요. 교차로에서 사람들이 한꺼번에 길을 건너는데 부딪히지 않고 각자의 방향으로 나아가는 모습이 좋았어요. 평소에는 공기처럼 잘 느낄 수 없는 공동체의 건강함이 한 사람의 인생에 아주 큰 영향을 끼친다고 생각해요. 매일 뉴스를 신중히 읽는 것으로 작업을 시작하고, 그다음에 현실에 있을 법한 가상의 사건과 그 속의 인물들을 만들어내곤 합니다."

'교차로에서 사람들이 한꺼번에 길을 건너는데 부딪히지 않고 각자의 방향으로 나아가는 모습이 좋았어요'라고 말한 부분에서는 수(水) 과다와 귀문관살의 모습이 고스런히 드러난다. 또한 '매일 뉴스를 신중히 읽는 것으로 작업을 시작한다'는 점은 정보 수집가인 수(水) 일간에 수(水) 과다의 모습이다.

정세랑 작가의 사주팔자에 나타난 수(水) 과다와 자유(子

酉) 귀문관살은 감각과 감수성이 예민하고 상상력이 발달하는 타입이다. 창의적인 생각이 많아 문학, 미술, 음악, 연예계 쪽의 재능을 키우는 촉매제 역할을 한다.

수(水) 오행은 어떻게 행동할까

▶ 내담자로 방문한다면

수(水) 오행의 내담자는 미래에 대한 궁금증이 가장 강하다. 언제쯤 큰 재물이 들어올지, 아들이 과연 대학에 합격할 수 있을지, 좋은 배우자와 결혼할 수 있을지 등 앞으로의 운명에 대해 궁금해하며 노력보다는 운명이 결정해주기를 바라는 경향이 있다. 자신이 노력해야 재물이 들어온다고 하면 금세 실망하고 다른 철학관이나 무속인을 찾아 원하는 답이 나올 때까지 상담을 반복한다. 또 원하는 답을 얻는다고 해도 한 군데에서 상담한 결과는 정확하지 않을 수도 있다는 생각에 불안해하고, 원하는 답이 정확한지 알기 위해 또 다른 상담소를 찾아 검토하고 확인한다. 자칫 굿이나 부적 또는 사이비가 운명을 바꿀 수 있다고 하면 큰 돈을 주고 운명에 의지할 수 있어 주의해야 한다.

▶ 남북 교류로 금강산 여행을 간다면

여행을 가기 6개월 또는 1년 전부터 여행의 안전에 대해 다각도로 알아보기 시작한다. 정부 부처에 문의하고, 여객선의 보험 가입 여부 등을 체크하며 북한 여행에 대한 안전이 보장되어 있는지 이중 삼중으로 반복해서 확인한다. 출발 날짜가 가까워오면 함께 가는 지인들의 동행 여부를 다시 물어보고, 혹 남북 문제에 갈등 요소가 있는지 뉴스를 수시로 체크한다. 친한 지인이 여행을 포기하거나 남북의 갈등 요소가 조금이라도 보인다면 여행 당일이라도 여행을 취소할 수 있다.

▶ 수(水) 오행 유형 남자와 수(水) 오행 유형의 여자가 연인이라면

수(水) 오행 유형은 조용하고 과묵하며 생각이 많다. 다양한 아이디어를 통해 논리적이고 분석적으로 문제를 해결해나가는 것을 좋아한다. 또 창의적이고 지적 호기심이 풍부한데 행동하고 실천하기보다는 정보를 수집하고 사색에 잠기는 유형이다. 안전하고 안정적인 삶을 추구하며 꿈과 이상은 크지만 실천하고 결단하는 것은 두려워한다. 그러다 보니 비과학적인 굿이나 부적 등에 빠지거나 사이비에 혹하기 쉽고, 노력하고 실천하기보다는 손쉽게 돈 버는 주식, 도박, 다단계 비트코인 등에 관심이 클 수 있다. 서로가 걱정이 많은 유형이 다 보니 연애 자체는 상대를 배려하고 헌신하는 이타적인 관계가 된다. 둘 다 의존적이기에 불안할 수도 있지만, 불안감 때문에 자주 연락하고 끊임없이 서로의 안부를 확인하며 오히려 안정감을 느낄 수 있다.

하늘과 땅의 에너지를 담은
천간과 지지

천간(天干)과 지지(地支)는 사람의 사주에서 네 개의 기둥을 구성하는 요소다. 천간은 하늘의 에너지를 나타내는 10개의 글자로 이루어져 있으며 지지는 땅의 에너지를 나타내는 12개의 글자로 이루어져 있다.

천간은 하(賀), 은(殷), 주(周) 등 중국 고대 왕조 시대부터 왕의 이름과 날짜 등을 표시하는 데 사용되었는데, 춘추전국시대를 거치면서 지지(地支=十二地)와 결합하고 음양오행설과 더해졌다. 천간은 인생 전반을 아우르는 본질적인 에너지와 성향을 나타내며, 지지는 땅에 두 다리를 딛고 살아가는 인간의 현실적인 기운과 행동을 나타낸다. 이 두 요소는 서로의 상생과 상극을 조합하여 인간의 성격, 기질, 환경, 운명 등을 입체적으로 분석하게 된다.

구체적으로 천간(天干)은 갑(甲), 을(乙), 병(丙), 정(丁), 무(戊), 기(己), 경(庚), 신(辛), 임(壬), 계(癸)를 말하며 십간(十干)이라고도 한다. 지지(地支)는 자(子), 축(丑), 인(寅), 묘(卯), 진(辰), 사(巳), 오(午), 미(未), 신(申), 유(酉), 술(戌), 해(亥)의 12자로 이루어졌으며 '12지지'라고도 불린다. 여기에서는 천간과 지지의 각 특성에 대해 간략하게 살펴본다.

───────── **하늘의 에너지 천간(天干)**

갑 (甲)	소나무, 자작나무, 상수리나무, 목련 나무, 느티나무처럼 큰 나무를 상징한다. 큰 나무들이 꽃과 꿀, 과실을 아낌없이 나눠주고 벌레와 새들에게 보금자리를 마련해주듯, 갑(甲)이 있는 이들은 인정이 많고 사람을 배려하는 특성이 있다. 또한 누군가를 돕고 성장하도록 돕는 일에 기쁨을 느끼는 헌신적인 타입이다. 곧게 뻗은 줄기처럼 흔들리지 않는 신념이 있어서, 강한 억압이나 폭력 등 부당하다고 생각하는 일에는 끝까지 저항한다.

을 (乙)	들풀, 화분과 정원의 꽃나무, 작은 나무, 새싹, 벼와 콩 등의 곡식을 상징한다. 들풀이 바람에 흔들리면서도 끝내 꺾이지 않고 다시 일어서는 것처럼, 을(乙)이 있는 이들은 주변 환경 변화에 대한 순응력과 적응력이 있다. 굳은 시멘트 사이로도 고개를 내미는 새싹과 같이 강한 생명력이 있는 타입이다. 혼자보다는 여럿이 있을 때 자신감을 얻는다.
병 (丙)	태양, 용광로, 용암, 큰불, 크고 화려한 꽃 등을 상징한다. 병(丙)이 있는 사람은 순식간에 번지는 불처럼 여러 일을 빠르게 착수하고 진행시킨다. 한번 태운 곳은 잊고 다른 곳으로 이동하는 불과 같이, 이들도 과거는 잊고 새로운 일을 찾아 활동하는 모험심과 역마 기질을 보이기도 한다. 자신의 감정과 생각을 표현하는 데 거침이 없으며 자존심이 강하고 질투도 심하다.
정 (丁)	촛불, 형광등, 아궁이불, 달, 별, 작은 꽃 등을 상징한다. 정(丁)이 있는 이들은 부드럽고 밝은 성격으로 보이지만 결국 불의 성질을 가지고 있기 때문에 배짱과 모험심도 공존한다. 주위를 밝혀주는 불처럼 쾌활하고 활달하며, 호기심이 많은 편이다. 쉽게 꺼지는 촛불처럼 조직에 잘 적응하고 순응하는 모습을 보인다.
무 (戊)	넓은 들판, 높고 큰 흙산, 운동장, 사막 등을 상징한다. 무(戊)가 있는 이들은 너른 대지처럼 수용력과 포용력이 있다. 사람들과 관계하고 소통하는 것을 좋아하며, 대립과 갈등보다는 평화 유지를 위해 힘쓴다. 혼자 있는 것에 두려움을 느껴 타인과의 관계 유지에 신경을 쓰며, 남들의 기분을 잘 맞춰주고 많은 대인 관계를 맺는다.

기 (己)	화분과 정원의 흙, 텃밭 등을 상징한다. 기(己)가 있는 이들은 큰 것을 포용하기보다 작은 것을 수용한다. 즉 소수의 사람들과 소통하고 인간관계를 맺는다. 이때 원만하고 친밀하며 조화로운 관계를 추구한다. 안정되고 안전한 것을 선호하며, 융통성과 균형 감각, 현실성도 적절히 있다.
경 (庚)	바위산, 광산, 유조선, 비행기, 기차, 탱크, 바위 등을 상징한다. 거대한 바위산이 쉽게 변하지 않듯, 경(庚)이 있는 이들은 고집이 세고 뚝심이 강한 타입이다. 한번 목표를 정하면 끈기와 일관성 있게 밀고 나가서 완벽하게 마무리한다. 다만 자칫 흑백논리에 빠지기 쉬우며, 변화하거나 유동적인 입장을 보여야 할 때도 고집을 부리곤 한다.
신 (辛)	바늘, 송곳, 칼, 못 등 작고 뾰족한 금속 생활용품이나 가공된 금속, 보석 등을 상징한다. 신(辛)이 있는 이들은 금속의 성질처럼 쉽게 변하지 않는 생각을 가지고 있다. 예민하고 섬세하며 완벽주의적 강박이 있어서 정확성을 요구하는 업무에 잘 맞는다. 질서정연하고 깔끔한 것을 좋아하는데, 종종 주위 사람들에게도 날카로운 비판을 하여 상처를 줄 때가 있다.
임 (壬)	바다, 호수, 강, 큰물, 장마, 홍수 등을 상징한다. 크고 깊은 물의 아래에 무엇이 있는지 알기 어렵듯, 임(壬)이 있는 이들은 평소에 속내를 잘 드러내지 않는 편이다. 그러나 자신의 안전이 위협받는다는 생각이 들면 큰 파도처럼 감정을 폭발시키기도 한다. 끝없이 흐르는 강물처럼 생각을 멈추지 않아 새로운 아이디어를 쏟아내는 한편 걱정과 의심도 많은 편이다.

계 (癸)	우물물, 시냇물, 안개비, 계곡물처럼 작은 물을 상징한다. 얕은 계곡의 물 밑이 훤히 들여다보이듯, 계(癸)가 있는 이들은 속을 감추지 못하고 자신의 감정을 얼굴에 드러내는 편이다. 안정적인 환경을 선호하며, 의존적인 성향이 있어서 가정과 조직에 충실하다. 주위 사람들의 감정 변화를 빠르게 눈치채고 파악하는 통찰력이 있다.

땅의 에너지 지지(地支)

자 (子)	대설~소한(양력 12월 6일 전후~양력 1월 6일 전후) 겨울이 본격적으로 시작되는 시기다. 생각이 깊고 박학다식하며, 생각이 많고 신중한 타입이다. 풍부한 사고력과 높은 창의력으로 새로운 아이디어가 필요한 일에서 능력을 발휘한다. 다만 너무 신중한 나머지 쉽게 결정을 내리지 못하고 우유부단한 입장을 취할 때가 있다. 넓은 대인 관계보다는 소수와의 만남을 선호한다.
축 (丑)	소한~입춘(양력 1월 6일 전후~양력 2월 6일 전후) 겨울 추위가 절정에 이르는 시기로, 기본적으로 걱정이 많고 신중한 성향이어서 안정적이고 안전한 것을 선호한다. 그러나 한편으로 이상주의자적 성향이 있고 욕망도 크기 때문에 뜻밖의 상황에서 모험심을 발휘하기도 한다. 생각이 많고 상상력이 풍부하며 정보 수집을 잘해 박학다식한 경우가 많다.

인
[illegible]

입춘~경칩(양력 2월 6일 전후~양력 3월 6일 전후)

입춘이지만 여전히 추위가 남아있는 시기다. 감수성이 예민하고 직관력이 뛰어나 타인의 감정을 쉽게 파악하며, 감정 이입도 [illegible] 로 헌신하고 집착하는 경우도 있다. 배려심과 이타심이 필요한 일에 종사하면 잘 맞는다.

묘
(卯)

경칩~청명(양력 3월 6일 전후~양력 4월 6일 전후)

본격적으로 봄이 시작되는 시기로, 감정이 풍부하고 다정다감하며 따뜻한 성향이다. 약자를 보면 쉽게 지나치지 못하고 도우려고 하며, 강자의 불의에는 강하게 저항한다. 반복적이고 틀에 짜여진 일보다는 자유롭게 진행할 수 있는 일을 선호한다. 이타심이 강해 자칫 보증, 사기 등 돈 문제로 위험할 수 있어 주의해야 한다.

진
(辰)

청명~입하(양력 4월 6일 전후~양력 5월 6일 전후)

봄이 절정인 시기로, 자기만의 생각이 뚜렷하고 고집이 세지만 적극적으로 자기주장을 하지는 않는다. 신중하고 진중한 편이며, 안정적인 삶을 추구하여 큰 변화를 달가워하지 않으나 그렇다고 모험적인 면이 없는 것은 아니다. 감수성이 풍부하게 발달하여 감정 기복이 있는 편이다.

사
(巳)

입하~망종(양력 5월 6일 전후~양력 6월 6일 전후)

아직 봄의 기운이 남아있는 시기로, 감수성이 발달하여 감각과 신경이 예민하며 감정 기복이 심한 편이다. 인간관계의 확장보다는 현재 가까운 이들과 소통하는 것을 선호한다. 예민한 기질을 바탕으로 무언가를 분석하고 추리하는 것에 소질이 있다.

오 (午)	**망종~소서(양력 6월 6일 전후~양력 7월 6일 전후)** 여름이 본격적으로 시작되는 시기로, 공감 능력이 뛰어나 사교적인 면이 강하며 자신의 감정도 적극적으로 드러낸다. 호기심이 많아 다양한 취미 생활을 하고, 성격이 급해 동시에 여러 일을 진행하기도 한다. 상황 판단과 이해가 빠르며 어떤 일의 핵심을 파악하는 능력이 있다.
미 (未)	**소서~입추(양력 7월 6일 전후~양력 8월 6일 전후)** 여름의 절정인 시기로, 강한 의지가 있고 그만큼 인정 욕구도 강하다. 열정적이고 활기차며 활동적이고 모험적이다. 갑작스러운 변화에 대처하는 능력이 뛰어나며, 동시에 여러 일을 진행한다. 자신의 생각을 적극적으로 표현하는 한편 새로운 아이디어를 계속 생각해낸다. 자존심이 강하고 체면을 중시하여 타인의 시선도 의식하는 편이다.
신 (申)	**입추~백로(양력 8월 6일 전후~양력 9월 6일 전후)** 아직 더위가 남아 있으며 장마와 태풍이 반복되는 시기로, 모든 일에 적극적이고 열정적으로 임한다. 가까운 관계에는 많이 베풀고 보살피지만, 자신의 의견에 반하는 사람에게는 냉정하게 대한다. 표현력이 뛰어나며, 감정을 숨기지 않고 잘 드러내는 편이다. 창의적인 아이디어도 많이 제시한다.
유 (酉)	**백로~한로(양력 9월 6일 전후~양력 10월 6일 전후)** 본격적인 가을이 시작되는 시기로, 원칙적이고 완벽한 것을 추구한다. 어떤 일을 하기 전에 철저한 계획과 준비를 세운다. 여러 일을 동시에 진행하는 것보다는 한번 시작한 일을 실행하고 마무리해야 안정감을 느낀다. 청결하고 정리정돈되고 규격화된 환경을 좋아한다.

1부 사람을 읽다

술 (戌)	**한로~입동(양력 10월 6일 전후~양력 11월 6일 전후)** 가을이 절정에 이르는 시기로, 일과 사람에 대한 자기만의 기준이 확고하다. 타인을 분석하고 비판하며 통제하려는 성향이 강하다. 한번 추진한 일은 반드시 이루려고 하고, 생각대로 되지 않는 경우 스트레스를 크게 받는다. 규칙과 규범을 준수한다.
해 (亥)	**입동~대설(양력 11월 6일 전후~양력 12월 6일 전후)** 아직 가을의 기운이 남아있는 시기로, 대인 관계에서 적극적으로 자신을 드러내거나 앞장서지 않고 주변을 맴돌며 상황을 분석하는 타입이다. 드러내지 않을 뿐 마음에는 큰 야망이 있으며, 이기적이고 냉철한 면도 있다. 과묵한 경우가 많아 자신에 대한 속내를 잘 드러내지 않는다.

05

이름에 담긴 운명을
파헤치는 성명학

이름은 반드시 신중하게
지어야 하는 이유

　　　　　성명학은 이름이 가진 의미와 운세를 분석하여 성격, 운세, 인간관계, 직업, 성공 가능성 등을 예측하는 학문이다. 개인적으로도 대학에서 오랫동안 사주팔자를 강의하고 역학과 성명학을 연구하면서 이름에서 좌우되는 성격이 실제로 인생의 흐름을 바꾸는 사례들을 수없이 보아왔다.

　　사주팔자와 이름은 각기 삶의 흐름에 영향을 미친다. 직장 생활이 잘 맞는 사주를 타고난 사람이 우두머리에 걸맞은 이름을 지어 사업을 하게 되면 대부분 굴곡진 삶을 살게 된다. 또한 사업을 통해 많은 부를 축적하는 사주팔자를 타고난 사람이 소심하고 우유부단한 성격의 이름을 갖게 되면 자신이 누릴 수 있는 부의 10분의 1도 가져가지 못하게 된다.

내가 전국의 유명한 선생님들을 찾아 뵙고 첩첩산중의 노스님이나 도인들을 찾아 비법을 전수받으며 어느 정도 공부를 마친 후, 처음 서울에 사무실을 열었던 시기의 일이다. 사무실에 세 들어 있던 건물주 부부는 독실한 불교 신자이면서 또한 절실한 운명론자였다. 그들은 장성한 아들 세 명의 이름과 손주들의 이름을 모두 철학관에서 지었다고 했다.

그들이 자녀의 사주와 성명풀이를 요청해와서 보았더니, 성격성명학으로 장남은 음정인이고 둘째와 셋째는 음비견의 이름이었다. 아들들 모두 직장을 다니기는 어렵고 본인이 리더가 될 수 있는 자유로운 직업을 찾고자 여러 사업에 손을 댈 것이라고 하니, 실제로 아들 셋 모두 직장에 정착하지 못하고 방황하고 있다며 놀라움을 금치 못했다. 큰아들은 자동차 보험 일을 하면서도 항상 큰 사업을 꿈꾸고 있고, 둘째는 백수이며 셋째는 중국과 무역을 하겠다고 부모에게 무리한 돈을 조르고 있다는 것이다. 그러면서 철학관에서 많은 돈을 주고 지은 이름인데 상황이 이렇다며 긴 한숨을 내쉬었다.

이름이란 한 사람에게 있어 매우 중요한 것이다. 옷을 한 벌 사려고 쇼핑을 하러 가도 최소한 30분은 돌아보고 직접 입어보는 것이 기본이다. 때로는 서너 시간을 골랐는데도 마음에 드는 것이 없어 빈손으로 돌아나올 때도 있다. 옷을 아무리 오래 입어도 3년에서 5년 정도 입을 뿐인데 그렇게 신중하게 고르고 긴 시간을 쇼핑에 투자하는 것이다.

그런데 이름은 평생을 가지고 살아간다. 그저 슈퍼에 가서 껌 한 통 사듯이 장난삼아 짓거나 발음하고 부르기 예쁜 이름으로 뚝딱 짓는 일은 삼가야 한다. 꼭 작명소나 철학관을 찾아가지는 않더라도, 단지 부모의 생각에 예쁘고 좋은 이름을 정하기보다 한층 진지한 마음가짐으로 임해야 할 것이다. 최소한 하루 이상 고민하고 성명학 책이라도 넘겨보며 신중하게 지어주었으면 하는 바람이다. 그 이름으로 평생을 살아갈 텐데, 뿌듯한 마음으로 만족할 수 있는 직업을 갖고 행복하게 살아가길 바라는 마음은 모든 부모가 마찬가지 아니겠는가.

실제로 미국의 캘리포니아 대학의 심리학자 니콜라스 그리스텐 펠드의 연구에 의하면, 이름과 수명에 유의미한 관계가 있다는 결과가 나타났다고 한다. 이 연구는 1969년부터 1995년까지의 사망 진단서를 토대로 진행되어 1998년 3월 27일 뉴올리언스 〈행동의학협회〉에 정식 발표되었다.

중간 이름이나 성등성명의 약칭이 좋은 뜻을 가지고 있는 사람과 나쁜 뜻을 가지고 있는 사람의 이름을 비교 분석한 결과, 좋은 뜻을 가진 이름의 사람은 그렇지 않은 사람보다 평균 7.28년이나 오래 살았다. 예를 들어 성명 첫 글자의 조합이 'ACE', 'VIP', 'WIN' 등인 남성들은 좋지도 나쁘지도 않은 아무 의미 없는 중립적인 이름이나 약칭을 가진 남성보다 평균 4.48년 더 장수했다. 반면 나쁜 어감의 이름이나 '돼지PIG', '쥐RAT', '부랑자BUM', '엉덩이ASS' 등의 약칭을 가진 사람들은 보통 이름의 사람들보다 2.8년 일찍 죽었다.

여성의 경우는 긍정적이고 희망적인 이름의 여성이 중립적이고 평범한 이름의 여성보다 3.36년 더 오래 살았다. 수

명이 짧았던 사람들은 남녀 모두 대개 자살이나 사고, 정신적 문제 등으로 사망한 것으로 나타났다.

연구에서는 안 좋은 이름을 가진 사람들이 친구나 집단 속에서 이름에 대한 놀림을 받던 스트레스가 꾸준히 축적되었을 가능성이 있다고 분석했다. 이에 연구자 그리스텐펠드 박사는 마지막으로 부모들이 자녀 이름에 대해서는 관심이 있지만 이름의 약칭이나 별명에는 무신경한 경우가 많다면서, 자녀들의 이름을 돼지라고 부르게 하지 말라고 당부하기도 했다.

성명학은 이름이 어떻게 불리는가에 따라 성격이 형성된다는 사실을 비롯해, 성장 과정에서 불리는 이름에 따라 성격의 변화를 겪어 다른 형태의 성격이 만들어질 수 있다는 사실을 밝히고 있다. 성명학을 통해 성격과 적성을 이해한다면 부모나 교사로서 진로 지도가 용이할 뿐만 아니라 부부 관계나 부모 자식 간에도 서로를 깊게 이해하고 인정하는 데 도움을 받을 수 있을 것이다.

무엇보다 이름은 태어난 연월일시인 사주팔자와 달리 유일하게 자신의 의지로 인생의 흐름을 바꿀 수 있는 요소다. 사주팔자는 타고나는 것이지만 특정 오행이 부족하거나 과다할 때 성명학을 통해 후천적으로 이를 보완할 수 있다. 기존의 이름이 부정적인 영향을 준다고 판단될 때 삶에 긍정적인 변화를 이끌어가기 위한 하나의 선택지가 되는 셈이다.

대법원에서는 지난 2005년 11월, 성명 철학상 좋지 않은 이름을 바꾸고자 개명 신청을 한 사례에 대하여 개명을 허가하겠다고 결정한 바 있다. 오래 불려온 이름을 바꾼다는 것은 쉽지 않은 결정이지만 그만큼 삶의 흐름을 바꾸고 싶은 마음이 간절하다는 뜻일 것이다. 이처럼 성명학은 단순히 이름의 의미를 분석하는 걸 넘어 우리의 삶을 더 깊게 이해하고 운명을 조화롭게 바꾸어가기 위한 중요한 열쇠이자 기회일 수 있다.

이름이 담고 있는
나의 성격은 어떨까

이름에서 확인할 수 있는 자신의 육친을 바탕으로 성격과 인간관계, 기질과 운명의 흐름을 들여다볼 수

〈성격 유형 조견표〉

육친의 음양		양	음	양	음	양	음	양	음	양	음
오행		목(木)		화(火)		토(土)		금(金)		수(水)	
생년의 천간		甲	乙	丙	丁	戊	己	庚	辛	壬	癸
생년의 지지		寅	卯	巳	午	辰,戌	丑,未	申	酉	亥	子
이름자의 발음 오행과 횟수(홀수 = 짝수)	ㄱ,ㅋ (홀수)	비견	겁재	식신	상관	편재	정재	편관	정관	편인	정인
	ㄱ,ㅋ (짝수)	겁재	비견	상관	식신	정재	편재	정관	편관	정인	편인
	ㄴ,ㄷ,ㅌ,ㄹ (홀수)	편인	정인	비견	겁재	식신	상관	편재	정재	편관	정관
	ㄴ,ㄷ,ㅌ,ㄹ (짝수)	정인	편인	겁재	비견	상관	식신	정재	편재	정관	편관
	ㅇ,ㅎ (홀수)	편관	정관	편인	정인	비견	겁재	식신	상관	편재	정재
	ㅇ,ㅎ (짝수)	정관	편관	정인	편인	겁재	비견	상관	식신	정재	정재
	ㅅ,ㅈ,ㅊ (홀수)	편재	정재	편관	정관	편인	정인	비견	겁재	식신	상관
	ㅅ,ㅈ,ㅊ (짝수)	정재	편재	정관	편관	정인	편인	겁재	비견	상관	식신
	ㅁ,ㅂ,ㅍ (홀수)	식신	상관	편재	정재	편관	정관	편인	정인	비견	겁재
	ㅁ,ㅂ,ㅍ (짝수)	상관	식신	정재	편재	정관	편관	정인	편인	겁재	비견

1부 사람을 읽다

있다. 모든 육친에는 장단점이라고 할 수 있는 양면성이 있기 마련인데, 같은 육친이라도 건강한 상태일 때는 장점이 두드러지고 불건강한 상태일 때는 단점이 드러나게 된다.

─────── 예술적 기질과 스타성을 가진 비견

─────── 음비견은 감수성과 오감이 발달되어 있고 특히 청각과 시각에 예민하다. 내성적이고 칭찬과 인정에 민감하여 칭찬을 받으면 능률이 오르고 더욱 헌신적으로 일하는 경향이 있다. 기획력과 창의력이 뛰어나며 사람들의 시선을 받는 예술, 방송, 연예 방면의 일에도 재능을 보인다. 하지만 주변 반응에 민감하고 자존감이 낮아서 비교당하거나 비판을 받으면 쉽게 상처받는다. 인정 욕구가 강한 탓에 자신을 과하게 포장하기도 하고, 칭찬하는 사람과는 친하지만 비판하는 사람과는 관계를 단절하는 모습도 보인다.

양비견은 자존심이 강하고 창의력과 감수성이 발달했다. 칭찬받고 인정받는 상황에서는 더 뛰어난 능력을 보이며, 최고 책임자가 되었을 때 주체적으로 통솔력을 발휘한다. 자신이 드러나는 공간에서 배짱을 보이며 목표도 원대한 편이다. 그러나 타인과 비교당하거나 비판하는 것을 싫어하고 주변의 반응이 없으면 일에 대한 의욕이 떨어지기도 한다. 규율이 강한 조직에서 적응하기 힘들어하고, 다소 허황된 꿈을 꾸다가 실수를 할 수 있으니 주의해야 한다.

─────── 신뢰할 수 있는 원칙주의자 겁재

─────── 음겁재는 원칙적이고 목표 지향적인 성향으로, 계획적이고 규칙적이며 시작한 일은 반드시 마무리한다. 자신이 좋아하는 일에 특히 능력을 발휘하며 타인의 말에 휘둘리기보다는 자신의 생각에 집중하는 편이다. 하지만 자신의 생각을 지나치게 고집하여 융통성이 부족한 면도 있다. 흑백 논리에 빠지기 쉽고 변화에 적응하기 어려워하며 자신이 하는 일에 누군가 간섭하면 크게 스트레스를 받는다. 내면의 이상적인 기준에 맞추려다 보니 주변에서 다소 까다롭고 예민한 사람처럼 보일 수 있다.

양겁재는 성실하고 끈기가 강하며 몰입력이 높다. 단계적이고 체계적인 일을 선호하며 한번 시작한 프로젝트는 반드시 완수하는 능력이 뛰어나다. 매사에 꼼꼼하고 정직하며 진지한 모습을 보인다. 또한 자신만의 생각이 확실하고, 흥미가 있는 일에는 관심이 크지만 흥미가 없는 일에는 무관심한 편이다. 사람보다는 일 중심적이며, 자신의 기준으로 타인을 평가하고 비판하는 경향이 있다. 세상의 결점을 쉽게 발견하며 마음에 들지 않는 게 얼굴에 잘 드러나는 편이라 인간관계에 갈등이 발생하기도 한다.

─────── 안정적이고 안전한 세계의 충성가 식신

─────── 음식신은 내성적이고 혼자만의 시간과 공간을 중요하게 생각한다. 대개 현재의 상황에 순응하고 만족하며 안정적이고 익숙한 공간에서 능력을 발휘하는 편이다. 조직의 일원으로서 양보하고 배려하는 모습을 보이며, 창의적인 면모도 있다. 하지만 새로운 상황에서는 적응하기 어려워하며 변동이 많은 환경에서는 작은 문제에도 크게 스트레스를 받는다. 자신의 감정을 표현하는 데 서툴고, 사건 사고에 대해 확대해서 걱정하는 경향도 있다. 월급을 받는 직장인으로서 사는 데 만족하는 한편 욕망이 커서 일확천금의 꿈을 꾸다가 주식이나 도박 등에 빠질 수 있으니 주의해야 한다.

양식신은 안정적이고 안전한 조직에 속해 있는 것을 좋아하며, 충성심이 강하고 협력적이다. 분석력과 통찰력이

있고 지식을 탐구하길 좋아하는 한편 자유로운 학습 방법
보다 선생님이나 부모가 적극 교육시킬 때 역량이 발휘되
는 편이다. 맡겨진 일은 최선을 다해 완수하며 주어진 목표
나 범위 내에서 능력을 발휘한다. 다만 작은 비판이나 꾸짖
음도 크게 두려워하여 문제 상황에서는 거짓말을 하거나
책임을 회피하려는 경향이 있다. 지나치게 내성적이고 신중
한 면모 탓에 자기 방어가 심한 편이다.

—————— **끈기 있는 아이디어 뱅크 상관**

—————— 음상관은 세심하고 꼼꼼하며 의지와 끈기가
강하다. 성실하고 일관성 있게 일을 추진하며 철저하게 마
무리하기 때문에 어릴 때부터 총명하고 리더십 있다는 말
을 자주 듣는다. 안정적인 삶을 지향하면서도 변화를 잘 수
용하며, 문과와 이과 양쪽 모두에 재능이 있다. 되도록 사람
들과 갈등을 만들지 않으려고 하지만 간혹 폭발하는 경향
이 있고, 특히 사춘기 전후에 신경질적인 모습이 강하게 나
타날 수 있다. 비판적이고 자신의 생각을 고수하려 하다 보
니 자신이 적이라고 생각하는 사람에게는 맹렬한 공격적
성향을 보이기도 한다.

양상관은 고집이 세고 끈기가 강해 자신이 정한 목표를 향해 단호하게 밀고 나가며 적극적으로 쟁취한다. 다양한 분야에 관심이 많고 다재다능하며, 새로운 사람이나 일에도 쉽게 적응한다. 기획력과 아이디어가 뛰어나며 시간 활용도 치밀한 편이다. 감성적이고 창조적이며 자아 실현 욕구가 강해 연구, 교육, 전문직에서 능력을 발휘하는 경우가 많다. 하지만 자신의 의견이 반영되지 않을 때 신경질적인 모습을 보이고, 작은 실수나 결점에도 비판적이거나 자포자기하는 경향이 있다. 사춘기 전후로 폭발적인 성향이 나타날 수 있는데 성인이 되면서 점차 안정적인 성향으로 변화한다.

─────── 자유로운 영혼의 낙천주의자 편재

─────── 음편재는 낙천적이고 긍정적이며 늘 아이디어가 넘친다. 유머 감각이 뛰어나고 명랑하여 가까운 사람들을 즐겁게 해주고, 따뜻하고 친절하며 배려심이 넘치는 성격이다. 호기심이 많고 삶의 다양한 분야에 관심을 보이며 새로운 경험을 즐기고 인생을 즐겁게 사는 데 집중한다. 즐거운 상태일 때는 끈기가 있고 집중력이 강한 반면 반복적이고 지루한 것에는 집중하지 못하며 산만하거나 충동적

일 수도 있다. 갈등과 책임을 회피하려 하며 내면의 두려움을 피하기 위해 외부로 도피하는 경향이 있어 스트레스가 강할 때 게임, 주식, 도박 등에 중독될 수 있으니 주의해야 한다.

양편재는 항상 긍정적이고 희망적이며 타인들을 즐겁게 해주는 낙천적인 성격이다. 불안한 상황도 웃음으로 해소하며 열정과 열의가 넘치는 도전적인 모습을 보인다. 실용적이고 현실적이면서도 재미있는 일에 대해서는 끈기와 참을성이 강하며, 주변 사람들에게 자신의 생각을 솔직하게 잘 털어놓는 편이다. 그러나 한 가지 일에 오래 집중하지 못하며, 자신의 책임과 의무보다는 즐거움을 추구하여 과도하게 쾌락이나 유행을 따라가기도 한다. 고통, 괴로움, 외로움 등에 대한 공포가 심하고 늘 사람들을 곁에 두려고 한다. 또한 갈등 상황을 쾌락으로 회피하려다 위태로운 상황에 처할 수 있다.

───────── **높은 곳을 향해 가는 타고난 리더 정재**

───────── 음정재는 착하고 온화한 성품을 가지고 있으며 신중하고 섬세하다. 논리적이고 합리적이며 명예와 권

위를 중시하는 성향이다. 조용히 자기 일을 하지만 필요에 따라서는 주변 상황을 파악하고 사교적으로 행동한다. 하지만 타인과 갈등이나 문제가 발생했을 때 회피적으로 행동하는 기질이 있고, 자신의 관심 분야가 아니면 무관심하고 무표정한 경우가 많다. 작은 것에 집착하는 고지식한 면이 있고 냉소적이고 차가운 이미지로 보여지기도 한다.

양정재는 자신의 삶을 스스로 개척하며 통찰력이 뛰어나고 성실하다. 충동적이기보다는 현실에 충실하고 맡겨진 일에 책임감이 강하며 계획적이다. 자신에게 주어진 일에 대해 의욕적이며, 새로운 기획력과 아이디어가 뛰어나다. 타고난 협력자로서 사회 적응력과 업무 역량이 모두 뛰어나 이과와 문과 두루 잘 어울리는 타입이다. 하지만 좋고 싫음의 구분이 정확하여 싫은 것은 절대 하지 않으려는 경향이 있고, 고집이 센 까탈스러운 성격처럼 보일 수 있다. 주변에 무심하여 자신의 기준과 다르게 행동하는 사람을 이해하기 힘들어하고 자신만의 규칙을 요구하기도 한다.

─────── 온화하고도 강인한 카리스마 편관

─────── 음편관은 친절하고 낙천적이며 붙임성이 있

어 대인 관계가 원만하다. 주변에 쉽게 동요되지 않고 자신의 목표에 확신을 가지고 실행해나가며, 자신이 옳다고 생각하는 일은 끈기 있게 도전한다. 리더십을 바탕으로 지도자 역할을 수행할 때가 많고, 자신의 조직원을 보호하는 일에 만족감을 갖는다. 어떤 상황에서도 잘 적응하며 온화하게 조직을 이끌어가지만, 자신만의 영역을 확보하는 데에 지나치게 집착하는 경향을 보일 수도 있다. 타인의 통제나 지시에 대한 거부감이 강해 자기 중심적으로 행동하거나 타인을 조종하려 하기도 한다. 화가 나면 거만하고 공격적인 모습을 보인다.

양편관은 자기 주장이 강하고 어떤 역경에도 굴하지 않는 매우 강력한 리더의 성향이다. 외향적이며 활력이 넘치고 조직을 자신감 있게 이끌어나간다. 순간적인 판단력과 결정력이 뛰어나며 흡인력이 있어서 주변 사람들도 자신의 비전에 동의하고 동참하도록 끌어당기는 능력이 있다. 하지만 승부욕이 강하여 매사 투쟁적이거나 자기 중심적인 모습이 나타나기도 한다. 다른 사람의 기분을 무시하거나 직설적인 표현으로 주변 사람들에게 상처를 줄 수 있기에, 상대의 의견을 존중하려는 노력도 필요하다.

인간적이고 다정한 마음을 지닌 정관

음정관은 사려 깊고 부드러운 성향으로 타인을 배려하는 이타적인 기질이 강하다. 주변 사람들의 장점을 발견하고, 공감 능력이 높아 사람들의 이야기를 편견 없이 들어줄 준비가 되어 있다. 가식적인 것을 싫어하여 친한 사람들에게는 솔직한 자신의 모습을 보여주려고 한다. 감정이 예민하여 눈물이 많지만 한편으로는 에너지가 쉽게 고갈되는 경향도 있다. 작은 억압이나 비판에도 쉽게 상처받으며, 자신을 힘들게 하면서까지 타인을 도와야 한다는 사명감에 집착하기도 한다. 이 유형이 건강하지 않을 때는 극단적인 염세주의자가 될 수 있다.

양정관은 창의적이고 상상력이 풍부하며, 사람들과 어울리는 것을 좋아하고 사회적인 상호작용에서 많은 에너지를 얻는 타입이다. 이타적이고 관대하며 다른 사람의 감정을 잘 이해해준다. 순간적인 재치가 뛰어나고, 새로운 변화와 시도를 하는 것도 좋아한다. 또 계획적이기보다 일을 한꺼번에 몰아서 하는 편이며 반복되는 단순 노동에 금방 싫증을 낸다. 하기 싫은 일에 대해서는 강하게 거부하고 인내심이 부족하며, 종종 충동적이고 무책임할 때도 있다. 주변 사람들에게는 친절하지만 정작 가족의 이야기는 한 귀로 흘리기도 한다. 자신의 고민을 표현하는 데 서툴러 혼자 끙끙대다가 엉뚱한 곳에서 급발진할 수도 있다.

──────── 창의력 넘치는 재주꾼 편인

──────── 음편인은 감각이 예민하고 감수성이 발달했으며 아이디어와 창의력이 뛰어나다. 반복적이고 기계적인 일보다는 새로운 변화를 좋아하며 예술적 감각이 있고 다재다능한 타입이다. 조용하면서도 자신만의 뚜렷한 신념을 가지고 있고, 틀에 갇히는 것은 싫어하지만 일정한 선은 넘지 않는다. 하지만 감정 기복이 심하고 성격이 급한 편이며, 장기적인 계획을 세우는 데는 어려움을 겪을 수 있다. 집단에 소속되고 싶은 욕구와 자신의 개성에 대한 욕구 사이에서 심한 딜레마를 느끼기도 한다.

양편인은 호기심이 많고 창의력이 뛰어나며 다양한 분야에 관심이 많다. 변화에 대해 능동적으로 수행하며 선택지를 열어두고, 일에 대해서 유연한 사고방식과 개방적인 태도를 지니고 있다. 자신의 꿈을 실현하기 위해 적극적으로 뛰어들며, 논리적이고 이성적이면서도 행동력이 뛰어나다.

1부 사람을 읽다

하지만 감정 기복이 심하고 사회적 유대감이 부족하여 외톨이가 되기 쉬운 타입이기도 하다. 옳지 않다고 생각하면 쉽게 욱하고 다정하게 굴다가 한순간에 화를 내며 돌변하기도 한다.

따뜻한 포용력을 지닌 수호자 정인

음정인은 다정하고 온화하며 감수성이 발달했다. 말수가 적어 첫인상은 차가워 보일 수 있지만 알고 보면 포용력과 이해심이 많은 순한 성격이다. 주변 사람들의 성향을 잘 파악하고 맞춰주는 편으로 가까운 사람들의 이야기를 잘 들어주고 도움을 주고 싶어 한다. 감성적인 대화와 신뢰를 중요시하며 의견 충돌을 피하려고 노력하는 편이다. 하지만 화가 나면 표현하여 풀지 않고 혼자 침묵해버리거나 문제 상황을 아예 회피하기도 한다. 타인의 비판에는 쉽게 상처받고 예민하며 생각과 걱정이 많다. 우유부단하고 의존적인 모습으로 보일 수도 있다.

양정인은 마음이 따뜻하고 정이 많은 성격이다. 타고난 협력자로서 친절하고 동료애가 넘치며 상대방에게 현실적이고 구체적인 도움을 주려고 한다. 계획적이고 체계적인 추진력을 가지고 있으며 사람들 사이의 조율도 잘 해낸다. 하지만 좋고 싫은 게 얼굴에 금방 드러나며 상대방에게 도움을 줄 때는 자신의 방식을 고집하는 경향도 있다. 반드시 해야 하는 일을 시작하지 못하고 기한을 놓치기도 하는데, 노력에 비해 잘될 것이라는 근거 없는 자신감을 가지고 있다.

성격 성명학 추구 성향

성격 성명학에는 육친별 자신의 추구 성향이 존재한다. 지향하고 싶은 성향이라 하여 지향 성향이라고도 한다. 자신의 유형 때문에 어쩔 수 없이 어려움을 겪거나 스트레스를 받을 때 이를 극복하기 위한 방향성이라고 볼 수 있다. 이름이 불리고 성격적 유형이 강화됨에 따라 자신의 유형이 지닌 단점으로 인한 추구 성향 또한 간절해지고, 그에 대한 동경을 가지며 노력하게 된다. 10가지 유형이 모두 존재하면 좋겠지만 누구나 보통 한두 개의 유형이 가장 크게 자리잡다 보니 단점을 함께 가지게 될 수밖에 없다. 그러한 단점을 추구 유형을 통해 보강하면 좋을 것이다.

1부 사람을 읽다

제1 추구성향	자신의 성향	제2 추구성향
편관 →	비견→	편재
정관→	겁재→	정재
편인 →	식신 →	편관
정인 →	상관 →	정관
비견 →	편재 →	편인
비겁 →	정재 →	정인
식신 →	편관 →	비견
상관 →	정관 →	비겁
편재 →	편인 →	식신
정재 →	정인 →	상관

행운을 내 편으로 만드는
성명학의 비밀

오랜 역사를 갖고 있는 성명학은 현대에 이르러서 오히려 그 쓰임이 다양해지고 있다. 부모가 자녀의 미래에 행운과 성공을 안겨줄 수 있는 이름을 찾을 때뿐 아니라 성인이 되어서 적극적으로 운명을 변화시키고자 할 때 개명을 선택하기도 한다. 특히 사업을 시작하거나 새로운 시도를 앞두고 그 결정에 힘을 얻기 위해 이름을 바꾸며 행운과 성공을 꿈꾸는 사람들이 많다.

성명학에서 이름은 구성하는 각 글자만 중요한 것이 아니라 그 조합도 중요하며, 무엇보다 실제로 누군가에게 불릴 때 그 의미를 갖는다. 이름에는 주 중심운과 부 중심운이 있는데, 같은 이름이라도 주변 육친에 따라서 성격이 전혀 달라지는 경우가 발생한다. 예를 들어 똑같은 1962년생 '우상호'와 '조상수'라는 이름을 살펴보자.

1962년생			
편재 우(禹) 편관		식신 조(曺) 편재	
(주중심수) 식신	편재(부중심수)	(주중심수)식신	편재(부중심수)
편재 상(相) 편관		편재 상(相) 편관	
편재 호(浩) 편관		식신 수(秀) 편재	

두 이름의 가운데 글자가 '서로 상(相)'이니 똑같이 주 중

1부 사람을 읽다

심운에 식신이 있고 부 중심운에 편재가 있다. 하지만 성과 이름 전체를 살펴보면 우상호는 편재와 편관이 강하고 조상수는 식신과 편재가 강하여 전혀 다른 성격적 유형이 작용하게 된다.

여기에서 주 중심운은 첫 음절이 어떻게 불리느냐에 따라서도 달라진다. 자녀나 가족, 친구들의 이름을 부를 때 성을 붙여서 부르는 경우가 있고 이름만 부르는 경우가 있을 것이다. 그런데 만약 '김민석'이라는 이름이 있다면 '민석아'라고 불릴 때와 '김민석'이라고 불릴 때 주 중심운이 다르다. 민석이라고 불리면 주 중심운이 '민'의 ㅁ(ㅁ, ㅂ, ㅍ, 水)에서 나타나고 김민석이라 불리우면 주 중심운이 '김'의 ㄱ(ㄱ, ㅋ, 木)에서 나타난다. '민석아'와 '김민석'을 함께 부른다면 두 가지 성격 유형이 혼합되어 주 중심운을 만들고 있다고 보면 될 것이다.

마찬가지로 이름이 존재하는데도 불리지 않고 다른 호칭이 반복된다면 그것이 사실상 이름이 되어버리기도 한다. 예를 들어 선생님이 된 68년생 이현주란 이름의 여성이 있다고 한다면, 어릴 적에는 주 중심운이 '현'의 ㅎ(ㅇ, ㅎ, 土)이었다. 그런데 선생님이 되면서 학생들이 '선생님' 호칭을 자주 부르면 '선'의 ㅅ(ㅅ, ㅈ, ㅊ, 金)이 주 중심운으로 변화되고 성격도 바뀌어갈 수 있다. 특히 아이를 낳은 많은 여성들이 사회에서도 이름 대신 '엄마'로만 불리는 경우가 많은데, 그러다 보면 '엄마'에서 나타나는 육친운이 곧 성격운이 되어 나타나게 된다.

이는 반대로 성명학에서 꼭 이름을 바꾸지 않더라도 에너지의 흐름을 긍정적으로 바꿀 수 있는 방법으로 제시될 수도 있다. 이름의 한자를 바꾸거나, 이름과 발음이 유사한 영어 이름 혹은 애칭을 만드는 것도 기존의 이름에서 부족한 오행을 보완하거나 긍정적인 에너지를 불어넣을 수 있는 방법이다.

삶에서 이름은 사람과 사람이 서로에 대해 가장 첫 번째 정보로 접하는 정체성이자, 현대에 이르러서는 일상 속에서 다양한 브랜드를 접할 때 첫인상을 형성하는 요소이기도 하다. 요즘은 다양한 아이디어를 바탕으로 1인 브랜딩이나 스타트업 창업을 하는 사람들도 많아졌다. 이러한 브랜딩에서도 이름은 소비자에게 전문성과 이미지를 전달하는 중요한 요소가 된다. 이름을 정할 때 성명학을 고려해 접근하는 것은 기억하기 쉽고 긍정적인 이미지를 전달하면서도 음양

오행의 조화를 통해 성공과 번영에 가까워지기 위한 전략적인 선택이 될 수 있다.

　물론 이름이 개인이나 사업체의 운명을 완전히 결정한다는 뜻은 아니다. 그러나 개인의 성격에 있어서 강점을 이해하고 장점을 찾아 활용할 때 성공 확률이 높아지는 것처럼, 이름에 담긴 의미가 그 대상의 정체성을 강화하고 보다 긍정적인 에너지를 이끌어낼 수 있다는 점에서 우리 삶에 유용하게 활용할 수 있을 것이다.

THE PEOPLE

2부   **관계를 다스리다**

나 자신과 타인에 대해 깊게 이해하는 것은
매 순간 더 나은 결정과 선택을 하여
행운을 내 편으로 만드는 일이다.

01

지금, 여기에서 길을 찾는 해결사들
- ISTJ, ESTJ, ISTP, ESTP

청렴결백한

논리주의자 ISTJ

> "진정성은 아무도 보고 있지 않을 때도 옳은 일을 하
> 는 것이다."
>
> - C.S. 루이스 -

애니어그램

1번 유형(개혁가)

사주명리학(•포털, 앱 스토어에서 '만세력' 검색 후, 각자의 사주 오행을 확인해보세요)

신금(辛金) 일간에 금(金) 비겁과다(태과다)

신금(辛金) 일간에 토(土) 발달 금(金) 과다

경금(庚金) 일간에 금(金) 비겁과다(태과다)

경금(庚金) 일간에 토(土) 발달 금(金) 과다

경금(庚金) 일간에 금(金) 비겁과다 + 귀문

경금(庚金) 일간에 금(金) 비겁과다 + 음팔통

경금(庚金) 일간에 금(金) 비겁과다 + 화(火) 관성발달

신금(辛金) 일간에 금(金) 비겁과다(태과다)

신금(辛金) 일간에 금(金) 비겁과다(태과다) + 귀문관살

신금(辛金) 일간에 금(金) 비겁과다(태과다) + 음팔통

경금(庚金)에 金 비과다

신금(辛金)에 金 비과다

경금(庚金)에 金 비과다

성명학

음겁재

양겁재

유형 분석

실용적이고 현실적이며 책임감이 강한 ISTJ 는 에니어그램의 1번 유형(개혁가)과 유사한 성향을 보인다. 에니어그램 1번 유형은 도덕적 기준이 높고 책임감과 규율을 중시하는 사람들로, 자신의 신념에도 충실한 경향이 나타난다. 사실과 정보를 정확하고 체계적으로 기억하기 때문에 일처리가 꼼꼼하며, 책임감과 성실함을 바탕으로 주변 사람들에게 신뢰를 주는 유형이다.

사주명리학에서는 경금(庚金)이나 신금(辛金) 일간이 금(金)이 과다하거나, 금의 비겁이 태과한 경우 이와 비슷한 특징을 나타낸다. 금(金)은 단단하고 변하지 않아 일관성 있고 정확하며 신뢰할 수 있는 특징을 갖는다. 금(金)이 발달한 사람들은 원칙과 규율을 중시하는 체계적인 성향과 목표 지향적인 성격을 보이는데, 이는 ISTJ의 고집스러우면서도 책임감 있는 성격과 유사하다. 토(土)의 발달이 금(金)을 더욱 강화시키는 구조 역시 ISTJ의 현실적이고 신중한 면모를 반영하고 있다. 성명학에서의 음겁재와 양겁재 유형도 자신의 위치에서 역할에 충실하며 체계적인 사고와 원칙적인 성향을 드러낸다.

성격 특성

현실적이고 침착한 성격을 바탕으로 확고한 원칙에 따라 자신에게 맡겨진 임무를 철저하게 완수한다. 약속과 규칙을 매우 중요하게 생각하기 때문에 다른 사람들에게도 같은 수준의 책임감을 기대하는 경향이 있는데, 이 탓에 때때로 융통성이 부족하다는 평가를 받기도 한다.

주변 환경과 외모를 깔끔하고 정돈되게 유지하는 것을 중요하게 생각하고, 급격한 변화를 선호하지 않는 보수적인 성향을 가지고 있다. 그래서 새로운 환경에 적응하는 것보다는 전통적이고 안정적인 삶의 방식을 선호하는 경향을 보인다.

또한 감정에 휘둘리기보다는 객관적이고 현실적인 시각으로 상황을 이해하고 싶어 한다. 감성보다는 이성이나 자신의 과거 경험에 의존하여 문제를 해결하려 하기 때문에 타인의 감정을 공감하거나 이해하는 데에는 어려움을 겪을 수 있다.

부모 자녀 특성

이 유형의 부모는 자녀의 교육과 성취에 대

해 매우 현실적이고 목표 지향적인 관점을 갖는다. 그래서 학교 생활, 과제 완수, 가정 교육, 예의범절 등의 기본적인 가치들을 강조하며, 규범을 엄격하게 지키도록 지도한다. 동시에 자녀가 규범에서 어긋난다고 생각되면 억압하거나 통제하려는 경향이 있어서 간혹 사춘기 자녀와 격한 갈등이 발생할 수 있다. 특히 명문대 입시나 취업 등의 현실적인 목표를 중요시하기 때문에 실제로 자녀가 목표를 이루면 표현하지는 않아도 내심 큰 뿌듯함과 자부심을 느낀다.

자녀의 경우에는 부모의 성향에 따라서 다른 성향을 보이게 될 수 있다. 소통을 잘하는 부모의 영향을 받았다면 근면 성실하고 책임감이 강하며, 철저한 자기 관리를 바탕으로 학업에 임하여 뛰어난 성적을 유지하는 경우가 많다. 이로 인해 부모나 교사의 인정을 받고 모범적인 모습으로 신뢰를 쌓게 된다. 가정이나 학교에서 조용히 자기 역할을 다하는 모습을 보이는 한편 다소 다가가기 어려운 느낌을 주기도 한다.

만약 강압적이고 의견을 무시하는 부모를 두었다면 부모에게 저항하면서 자신의 뜻에 어긋나는 상황에 대해 폭력적으로 분노를 표현할 수 있다. 따라서 무조건적으로 통제

2부 관계를 다스리다

하기보다는 규칙을 제시하되 자율성을 존중해주는 것이 중요하다. 지켜야 하는 규칙이 필요한 현실적인 이유를 설명하는 것이 규칙을 지키도록 억압하는 것보다 훨씬 효과적으로 받아들여진다. 특히 이러한 유형의 자녀는 권위적인 인물에게 영향을 받는 경향이 있어서 강한 갈등이 반복된다면 전문 상담자의 중재도 도움이 된다.

——————— 연애 스타일

——————— 상대방에게 헌신적이고 안정감을 주는 타입이다. 연애를 쉽게 시작하기보다는 신중하게 상대를 선택하여 진지하게 관계를 맺고자 하며, 꾸준하고 성실하게 장기적인 연애 관계를 지향한다. 한번 확신을 가진 상대에게는 최선을 다하고 약속을 꼭 지키려고 노력한다. 책임감이 강하기 때문에 상대방이 믿고 의지할 수 있다.

다만 상대의 미묘한 감정 변화를 감지하는 데는 서툴기 때문에 자칫 서운함이나 답답함을 안겨줄 수 있다. 아끼는 상대에게 실질적인 도움을 주는 것으로 애정 표현을 하려고 하는데, 상대방이 감정적인 공감과 소통을 바란다면 좀 더 섬세하게 감정을 헤아리는 연습이 필요하다.

직업 적성

논리적이고 분석적인 능력이 뛰어난 이 유형은 현실적이고 효율적으로 업무를 처리하고 맡은 일을 철저히 수행하는 데 있어 강한 책임감을 보인다. 업무에서 실수를 줄이기 위해 치밀하게 계획하고 세부 사항을 중시하며 표준화된 업무 처리 절차를 꼼꼼하게 따른다. 팀의 규칙이나 규율을 존중하기 때문에 조직 내에서 신뢰받고, 특히 반복적이고 예측 가능한 환경일 때 더욱 좋은 성과를 낼 수 있다.

다만 자신의 방식에 대해 고수하는 성향이 있어 주변 사람들의 의견을 포용하면서 일해야 하는 팀워크 위주의 직무보다는 독립적으로 일하는 환경일 때 역량을 발휘하기 수월하다. 그래서 규칙적이고 구조화된 직무를 수행할 수 있는 군인, 경찰, 공무원, 회계사, 세무사, 국세청 공무원, 감사, 제품 생산업, 제품 분석업, 회계사, 건축사, 건축 감리사, 통계학자 등의 직업에 잘 어울린다.

보완할 점

이 유형은 변화가 많은 환경에 놓였을 때 보

다 유연하고 장기적인 관점으로 접근하는 방법을 배우는 것이 좋다. 이미 세워둔 계획에만 집착하지 말고 변화 가능성도 염두에 두어야 한다. 확립된 방식만을 고집하기보다 상대방의 입장과 생각에도 관심을 가지고 융통성 있게 행동하면 조직 내에서도 보다 동료들과의 유대감을 높이고 협력적인 업무 수행 역시도 잘 해낼 수 있을 것이다.

엄격하고
냉정한 관리자 ESTJ

"적절한 질서는 모든 것의 기초이다."

– 에드먼드 버크 –

사주명리학 (*포털, 앱 스토어에서 '만세력' 검색 후, 각자의 사주 오행을 확인해보세요.)

경금(庚金)에 금(金) 비과다(태과다)

경금(庚金)에 토(土) 발달 금(金) 과다

병화(丙火) 일간 금(金) 재과다(재태과다)

정화(丁火) 일간 금(金) 재과다(재태과다)

금(金) 일간(庚, 辛) + 금(金) 발달 + 화(火) 발달

금(金) 일간(庚, 辛) + 금(金) 과다 + 화(火) 과다

금(金) 일간(庚, 辛) + 금(金) 과다 + 양팔통

금(金) 일간(庚, 辛) + 금(金) 태과다 + 양팔통

갑목(甲木) 일간 + 목(木) 비겁 발달 + 화(火) 식상 발달

갑목(甲木) 일간 + 수(水) 인성 발달 + 양팔통

무토(戊土) 일간 + 금(金) 식상 과다 + 화(火) 인성 발달

무토(戊土) 일간 + 수(水) 관성 발달 + 화(火) 인성 발달

임수(壬水) 일간 + 수(水) 비겁 발달 + 금(金) 인성 발달

金 일간 + 金 발달 + 火 발달

병화(丙火) 일간 金 재과다

金 일간 + 金과다 + 양팔통

정화(丁火) 일간 金 재과다

성명학

양겁재

─────────── **유형 분석**

─────────── 사주명리학에서 주로 경금(庚金)과 금(金)이 발달된 경우 ESTJ 유형과 마찬가지로 강한 책임감과 추진력을 지닌 성향이 나타난다. 금(金)이 발달하거나 과다한 사람들은 원칙적이고 실질적이며, 경금(庚金)과 토(土)가 발달한 경우 토(土)로 인해 안정적으로 질서를 유지해가는 성향이 더해진다. 금(金) 일간에 화(火)가 함께 발달하면 금(金)의 단단함에 열정을 더해 갈등 상황에서도 명확하고 실용적인 해결책을 찾는 능력을 강화한다. 이러한 조합은 모두 자신이 속한 조직 속에서 체계적으로 역할을 수행하며 명확한 목표를 지향하고 리더십을 발휘하는 ESTJ의 성향과 유사하다. 성명학에서는 양겁재가 이와 마찬가지로 조직 내 안정성을 유지하는 강인함과 현실감, 책임감을 바탕으로 한 리더십과 추진력을 지니고 있다.

─────────── **성격 특성**

─────────── 이 유형은 현실 감각이 뛰어나고 실용적이며 결과를 중시하는 성향으로, 명확한 질서와 방향성을 추구한다. 계획을 차질 없이 실행하기 위해 노력하며 조직의

규율과 자신의 규칙에 따라 행동하는 것을 편하게 느낀다. 근면 성실하고 꼼꼼하며 자기 관리에 철저하고 늘 중후한 품격을 유지하는 냉정한 모습을 보인다.

완벽함을 추구하며 큰 도전을 좋아하는 만큼 실제로 훌륭한 결과를 만들어낼 때가 많고, 일 처리에 있어서 체계적으로 철저히 준비하는 경향이 강하다. 다만 새로운 시도는 좋아하지 않는 편이고, 자신의 지시를 잘 따르지 않거나 목적 의식이 없는 사람과 함께 일할 때 극도의 스트레스를 받기도 한다. 감정 표현보다는 목표 달성과 규칙 준수를 중시하기 때문에 주변 사람들에게 다소 엄격하거나 차가운 인상을 줄 수도 있다.

그러나 사회화된 유형의 경우에는 상식적이고 논리적인 조직력을 바탕으로 절제력과 책임감을 보여 직장이나 조직 내에서 선호도가 높고 인정받는다. 책임감과 권위가 있는 리더로서 조직을 주도해가는 관리자의 모습을 볼 수 있다.

──────── **부모 자녀 특성**

──────── 이 유형의 부모는 자녀에게 규칙과 규율을 강조하고, 가정에서도 위계질서와 전통적인 생활 방식을 고

수한다. 조직적이고 체계적인 생활을 중시하기 때문에 자녀에게도 규율을 지키도록 하며 엄격하게 시간과 공간을 통제하려는 경향이 있다. 자녀가 이러한 규칙을 따를 때는 신뢰감과 안정감을 바탕으로 학습 능력이 발전할 수 있지만, 독립적이고 인정 욕구가 큰 자녀의 경우에는 부모의 강한 통제에 대해 반발심을 느껴 갈등이 발생하기도 한다. 즉 자녀가 책임감과 자기 절제를 익히는 데는 도움이 되는 반면 과도한 통제가 자율성을 방해할 수 있다는 점에서 균형을 갖출 필요가 있다.

이 유형의 자녀는 책임감과 성실함을 바탕으로 자신이 맡은 일을 끈기 있게 행하고, 목표에 따른 성과를 만들어내기 위해 노력한다. 한국의 입시 교육이나 주입식 학습 환경에도 잘 적응하는 타입이다. 주변에서 흔히 성숙한 아이 혹은 '애늙은이' 같다는 평가를 받기도 한다. 즉흥적인 지시보다는 합리적이고 논리적인 설명을 통해 설득되는 것을 좋아하며, 스스로 규칙적인 생활을 지키려고 하는 편이다. 이런 특성 덕분에 성실하고 신뢰할 만한 인상을 주지만, 지나치게 틀에 맞춰진 환경이 지속되면 자유로운 사고나 창의성이 제한될 수 있다는 점을 고려할 필요가 있다. 질서정연하고 효율적인 교육이 잘 맞지만 자율성과 창의성을 키워 나가는 방식으로 균형 잡힌 성장을 돕는 것이 좋다.

─────── 연애 스타일

─────── 연인에게 헌신적이며 책임감을 가지고 대하는 만큼 상대방도 그렇게 해주길 바란다. 약속 시간, 약속 장소, 메뉴 등을 미리 준비하고 계획적으로 움직인다. 빈틈 없고 안정적인 연애를 선호하면서 순간순간 상대를 통제하려는 성향을 보이기도 한다. 연애 상대가 생각이 많거나 걱정이 많고 우유부단한 사람이라면 철두철미한 이 유형의 사람에게 안정감을 느끼고 자신을 책임질 수 있는 배우자 감으로 확신하여 결혼으로 이어질 가능성이 높다. 하지만 상대가 낙천적이고 즉흥적이며 자유로운 스타일이라면 지루하고 답답함을 느끼기 때문에 쉽게 헤어지게 된다.

─────── 직업 적성

─────── 명확한 위계질서와 역할 분담이 요구되는 조직에서 두각을 나타내는 유형이다. 보수적이고 구조화

2부 관계를 다스리다

된 업무 환경을 선호하기 때문에 전형적인 관료제 조직이나 전통적인 기업 구조에서 특히 탁월한 능력을 발휘한다. 주어진 목표를 성취하기 위해 체계적이고 효율적인 방법을 모색하며 책임감 있게 자신의 역할을 수행한다.

특히 간접적인 소통보다 사람을 직접 만나 의사소통하는 방식에 익숙하고, 조직의 규율을 준수하며 능력을 발휘하고 목표를 성취하는 성격이다. 자신의 권한과 책임을 충실히 이행하는 성향으로 조직 내에서 리더 등 중요한 직책을 맡을 때 더욱 빛을 발한다.

다만 함께 일하는 동료들의 감정을 충분히 고려하지 못해 상처를 주는 경우가 생길 수 있다. 또한 사전에 계획된 방식으로 일을 추진하고 싶어 하기 때문에 사건 사고나 예상치 못한 문제가 발생했을 때 즉각적인 대응력이 부족한 편이다.

명확한 목표를 향해 효율적으로 접근하는 강점을 키우되 팀워크나 유연한 대응력을 높이는 것이 도움이 된다. 직업군에서는 회계사, 은행원, 세무사, 변리사, 정치인, 행정가, 직업 군인, 경찰, 법조인, 제조업 CEO, 경영 관리인, 운동선수, 감독, 코치, 공장장 등이 잘 어울린다.

─────────── **보완할 점**

─────────── 자신만의 논리적이고 체계적인 방식에만 집중하기보다 열린 마음으로 다른 사람들의 사고와 생각도 인정하는 자세가 필요하다. 흑백 논리를 넘어서 상황에 맞는 다양한 관점과 접근 방식을 받아들일 수 있어야 한다.

또 업무의 효율성을 중요시하느라 인간관계에서 감정적인 측면을 놓칠 수 있는데, 인간 중심의 가치와 타인의 감정과 생각도 고려할 필요가 있다. 때로는 자유롭고 개방적인 환경에서도 성장이 이루어질 수 있다는 사실을 기억하고, 안정된 환경 바깥에서 다양한 변화와 창의적이고 유연한 해결책에 관심을 갖는다면 한 단계 더 성장해나갈 수 있을 것이다.

절제된 호기심으로

세상을 관찰하는 사색가 ISTP

"나는 다른 삶을 살고 싶었다. 매일 똑같은 사람을

만나고 똑같은 일을 하고 싶지는 않았다. 나에게는

흥미로운 도전이 필요했다."

- 해리슨 포드 -

사주명리학(•포털, 앱 스토어에서 '만세력' 검색 후, 각자의 사주 오행을 확인해보세요.)

신금(辛金) 일간 + 화(火) 발달

신금(辛金) 일간 + 화(火) 과다

신금(辛金) 일간 + 화(火) 태과다

금(庚·辛) 일간 + 금(金) 비겁 태과다 + 정관(火)

금(庚·辛) 일간 + 금(金) 비겁 태과다 + 정인

금(庚·辛) 일간 + 금(金) 비겁 과다 + 정관

금(庚·辛) 일간 + 금(金) 비겁 과다 + 정인

금(庚·辛) 일간 + 금(金) 비겁 발달 + 정관

금(庚·辛) 일간 + 금(金) 비겁 발달 + 정인

금(庚·辛) 일간 + 수(水) 발달 + 토(土) 발달

화(丙·丁) 일간 + 목(木) 발달 + 토(土) 발달 + 금(金) 발달

금(庚·辛) 일간 + 목(木) 발달 + 토(土) 발달

금(庚·辛) 일간 + 목(木) 발달 + 화(火) 발달

경금(庚金) 일간 + 화(화) 발달 + 목(목) 발달

기토(己土) 일간 + 토(土) 발달 + 목(木) 발달 + 상관

신금(辛金) 일간 + 금(金) 발달 + 목(木) 발달 + 화(火) 발달

병화(丙火) 일간 + 목(木) 발달 + 금(金) 발달

정화(丁火) 일간 + 화(火) 발달 + 금(金) 발달 + 토(土) 발달

임수(壬水) 일간 + 금(金) 발달 + 토(土) 발달

임수(壬水) 일간 + 금(金) 발달 + 화(火) 발달

계수(癸水) 일간 + 토(土) 발달

을목(乙木) 일간 + 목(木) 발달 + 금(金) 발달

기토(己土) 일간 + 토(土) 발달 + 수(水) 발달

기토(己土) 일간 + 토(土) 발달 + 목(木) 발달

기토(己土) 일간 + 금(金) 발달 + 수(水) 발달

기토(己土) 일간 + 토(土) 비겁 발달 + 수(水) 재성 발달 + 무인성

무토(戊土) 일간 + 금(金) 발달 + 수(水) 발달

무토(戊土) 일간 + 금(金) 발달 + 화(火) 발달

수(壬·癸) 일간 + 수(水) 발달 + 목(木) 발달 + 토(土) 발달

병화(丙火) 일간 木 인성 金 재성발달

계수(癸水) 일간 土 관성발달

무토(戊土) 일간 金 식상 水 재성발달

신금(辛金) 일간 + 火 과다

기토(己土) 일간 + 土 발달 + 水 발달

병화(丙火) 일간 + 木 발달 + 金 발달

계수(癸水) 일간 + 土 발달

─────────── **유형 분석**

─────────── ISTP의 성격적 특성은 주로 분석적이고 독립적인 성향을 나타내는 신금(辛金)을 중심으로 화(火)나 목(木), 토(土)의 발달이 추가되면서 다양한 유형을 포괄할 수 있다. 사주명리학에서 신금(辛金)은 독립적이고 분석적이며 외부의 영향을 적게 받으며 자기주도적으로 일을 처리하는 성향을 갖는다는 점에서 ISTP의 성향과 유사하다. 여기에 화(火)가 발달하거나 과다하게 나타나면 자신이 직접 상황을 해결하고 다루는 능력과 결단력이 더해진다.

─────────── **성격 특성**

─────────── 이 유형은 말보다는 행동으로 보여주는 실용적이고 직설적인 성격이다. 가식이 없고 정직하며, 감정을 숨기지 않고 상대방의 기분을 맞추기 위한 빈말도 잘 하지 않는다. 일반적으로 조용한 성격으로 타인에 대해 무관심하지만 필요에 따라 사교적인 모습을 보이며 무난한 인

간관계를 유지한다. 다만 지나치게 개인주의적이고 완고한 성향이 있어 때로는 고집을 부리기도 한다. 감정 표현에 다소 서툴고 혼자만의 시간을 중요시하기 때문에 상대방이 과도하게 집착하거나 간섭하면 거리를 두는 경향이 있다.

주로 사실적인 자료를 바탕으로 일을 정리하고 조직하는 데 능숙하며, 판단을 내릴 때는 분석적이고 객관적인 데이터와 실질적 근거에 의존한다. 사물의 근본적인 원리에 관심이 있으며 합리적인 사고를 바탕으로 문제를 해결하려고 하는 성향이 있다. 그래서 인과관계나 객관적인 원리 없이는 섣불리 확신을 가지지 않는 편이다.

틀에 박힌 생활이나 관습적인 삶을 싫어하고, 시사적이거나 자신이 관심 있는 분야에 대해서는 깊게 열중하며 빠져든다. 또 체계적이고 안정적인 상황에 머물기보다 즉각적이고 유연한 행동을 선호하는 편이다. 그래서 새로운 아이디어를 빠르게 적용하거나 갑작스러운 상황을 즉각 대처하는 능력도 뛰어나다.

내성적이지만 모험적이거나 위험을 감수하는 행동을 존중하며, 실용적이고 합리적이면서도 낙관적이고 즉흥적인 이중적인 면모를 보이기도 한다.

부모 자녀 특성

이 유형의 부모는 자녀가 독립적인 사람이 되기를 바라며 사생활을 존중하고 개방적인 편이다. 하지만 자녀의 감정을 소통하고 이해하는 데 다소 어려움을 느낄 수 있고, 큰 틀에서 자신의 의견이나 기대에서 벗어날 때는 강력한 간섭과 통제를 하기도 한다.

자녀의 경우에는 엄격한 통제와 간섭, 권위주의를 싫어하기 때문에 규칙과 규율이 엄격한 학교 생활이나 단체 생활에 적응하기 힘들어할 수 있다. 사람들과의 관계 적응력은 뛰어나지만 혼자 있는 시간을 좋아하고, 하고 싶은 것과 하기 싫은 것의 구분이 명확하다. 컴퓨터 게임이나 조립 등 섬세함이 필요한 물리적인 손재주에도 재능이 있다.

연애 스타일

새로운 공간이나 사람을 만나기보다 익숙한 환경의 공간에서 만나는 사람과의 연애를 편안하게 느낀다. 연인과 관심사가 같을 때 관계가 더 좋아지며, 때로는 자기만의 시간을 확보해주는 여유가 있는 상대를 선호한다. 다만 상대방의 감정에 공감하거나 칭찬하는 능력이 부족할 수 있어 때로는 마음을 열고 감정을 적극적으로 교류하려는 노력이 필요하다.

─────── 직업 적성

─────── 이 유형은 타고난 손기술과 뛰어난 눈썰미를 바탕으로 손을 사용하여 직접 분해하고 조립하며 개선하는 능력이 뛰어난 편이다. 기술자, 엔지니어, 시스템 분석가, 소프트웨어 개발자, 데이터베이스 관리자와 같은 분야에서 두각을 나타내며, 경제학자, 회계사, 과학자 등 논리적 사고와 객관적 판단이 필요한 직업에서도 역량을 발휘할 수 있다. 경찰관, 교통 관제사, 응급 의료 분야와 같은 업무에서는 문제 해결 능력과 직관적 판단력을 통해 빠르고 정확하게 대응하는 능력이 장점이 된다.

조직에서는 개방적이고 자유로운 환경에서 업무를 수행하기를 원하며, 이런 환경 속에서 업무에 대한 집중도가 높아진다. 다양한 프로젝트를 통해 새로운 아이디어를 탐색하고 문제 해결을 위해 시행착오를 거치며 다양한 시도를 하는 것을 즐긴다. 매우 성실하고 꾸준하여 집중도가 높은 반면 어느 순간 호기심이 발동하면 새로운 에너지를 발산하기도 한다.

다만 타인의 감정을 간과하고 자신의 감정이나 행동에 치중하다 보면 조직 내 소통에서 오해가 생길 수 있다는 점을 주의하는 것이 좋다. 업무나 프로젝트에서 지나치게 관여하거나, 계획을 갑작스레 변경하며 자기주장을 관철하려고 하는 경우가 종종 있다. 이처럼 즉흥적인 결정을 내리는 성향은 새로운 프로젝트나 창의적인 접근이 요구되는 역할을 수행할 때는 성공적인 성과를 이끌어내기에 유리하지만 한편으로 조직 내 갈등으로 이어지기도 한다.

───────── **보완할 점**

───────── 이 유형은 때로 개인주의적이고 자기중심적인 경향 때문에 주변 사람들과의 관계에서 갈등이 발생할 수 있다. 때로는 주변 사람들과 속 깊은 이야기를 나누며 소통과 협업 능력을 키우는 것도 필요하다. 취미 활동 등 자신의 즐거움을 위한 과도한 지출을 줄이면서 가족과 주변 사람들에게 베푸는 것도 좋다. 또한 프로젝트나 계획이 재미가 없고 부족해도 끈기있게 밀고 나가는 경험을 쌓고, 즉흥적이고 즉각적인 결정을 내리기 전에 장기적인 시야를 기

르는 노력이 도움이 될 것이다.

낙천적이고
모험을 즐기는 사업가 ESTP

> "인생은 과감한 모험이 아니라면 아무것도 아닌 것
> 이다."

사주명리학(•포털, 앱 스토어에서 '만세력' 검색 후, 각자의 사주 오행을 확인해보세요)

을목(乙木) 일간 + 화(火) 식상 발달 + 토(土) 재성 발달

을목(乙木) 일간 + 금(金) 관성 발달

병화(丙火) 일간 + 화(火) 비겁 과다

화(火) 일간 + 목(木) 발달 + 수(水) 관성 발달

무토(戊土) 일간 + 화(火) 발달 + 금(金) 발달

기토(己土) 일간 + 토(土) 발달 + 화(火) 발달 + 목(木) 발달

무토(戊土) 일간 + 목(木) 발달 + 토(土) 발달

무토(戊土) 일간 + 목(木) 과다

기토(己土) 일간 + 목(木) 과다

경금(庚金) 일간 + 화(火) 발달 + 토(土) 발달

경금(庚金) 일간 + 화(火) 관성 발달 + 토(土) 인성 발달

경금(庚金) 일간 + 화(火) 관성 과다

신금(辛金) 일간 + 화(火) 관성 과다

임수(壬水) 일간 + 토(土) 관성 발달 + 금(金) 인성 발달

임수(壬水) 일간 + 토(土) 관성 과다

계수(癸水) 일간 + 토(土) 관성 과다 + 수(水) 비겁 발달

기토(己土) 일간 + 목(木) 관성 과다 + 수(水) 재성 발달 + 괴백양

을목(乙木) 일간 + 금(金) 관성 발달 + 목(木) 비겁 발달

己土 일간 + 木 과다

병화(丙火) 일간 + 火 비겁과다

성명학

편관 + 겁재

겁재 + 겁재

겁재 + 편관

──────── **유형 분석**

──────── ESTP는 화(火)와 금(金)이 발달한 사주와 유

사성을 보인다. 화(火)는 에너제틱하고 활동적인 성향을 나타내며, 금(金)은 단호하고 결단력 있는 성격과 연관이 있다. 이러한 금(金)과 화(火)의 조합은 ESTP의 실용적이고 목표 지향적인 면을 잘 보여주며, 특유의 호기심 많고 역동적이며 도전적인 성향과도 비슷하다. 성명학에서 편관과 겁재, 겁재와 겁재, 겁재와 편관의 조합 역시 적극적이고 행동력이 뛰어나며 위험을 감수하고도 기회를 포착하는 에너지 넘치는 기질을 보여준다. 특히 겁재가 중첩된 조합은 추진력이 강하고 문제 해결 능력이 뛰어나며, 편관은 명확한 목표를 향한 결단력을 더해준다.

──────── **성격 특성**

──────── 이 유형은 현실적이며 생각과 행동이 빠르고 즉각적이다. 추상적인 개념보다 실질적인 문제 해결을 선호하며, 논리적인 타당성이나 과거의 경험 등 실질적인 증거를 바탕으로 판단하려고 한다. 강한 정신력과 열정적인 에너지를 가졌으며, 스타일이나 패션 감각 등 예술적인 멋을 지닌 타입이 많다.

장기적인 계획보다는 당장의 결과에 집중하여 즉흥적인

선택을 할 때가 많고, 변화와 자극을 추구하며 일상적인 반복 업무는 지루해하는 성향이 있다. 새롭고 자극적인 경험에 호기심을 느끼기 때문에 규칙에 얽매이기보다 자유롭게 활동할 수 있는 환경을 선호한다. 순간적인 판단력과 즉각적인 행동력을 바탕으로 빠른 변화나 돌발적인 상황에서도 융통성 있게 대처한다.

자신감이 넘치고 사교적이며 사람들과 어울리는 것도 좋아한다. 타인의 행동과 감정을 빠르게 파악하고 대처하는 능력이 뛰어나기 때문에 처음 만난 사람들과도 쉽게 친해지고, 늘 무대의 중심에서 주인공이 되고 싶어 한다. 다만 프로젝트나 계획에 대한 집중력이 강해서 완벽한 일 처리에 집중하다가 주변 사람의 기분을 상하게 만드는 일이 생길 수 있다. 또 일을 적극적으로 추진하다가 기존의 일에 흥미가 떨어지거나 또 다른 흥미로운 일이 생기면 기존의 것을 마무리 짓지 못하는 경향이 있다는 점을 유의하는 것이 좋다.

─────── 부모 자녀 특성

─────── 이 유형의 부모는 개방적이고 자유로운 태

도로 자녀에게도 도전적이고 자율적인 삶의 자세를 심어준다. 자녀가 하고 싶은 일을 발견하고 즐길 수 있는 환경을 조성해주고, 다양한 활동으로 폭넓은 경험을 쌓도록 격려해준다. 자녀의 미세한 행동 변화나 옷차림의 변화, 숨은 의도와 말하지 않은 감정도 잘 파악하는 편이다.

자녀의 경우에는 낙천적이고 열정적이며 친구들과 어울리는 것을 좋아하지만 모험적인 성향 때문에 자칫 위험한 행동을 하기도 한다. 자신이 정한 기준을 도덕적인 잣대로 고집하며, 정확한 사실에 기초한 설득을 좋아하고 타인의 강요는 거부하는 기질이 강하다. 비효율적이거나 통제적인 상황을 극도로 거부하기에 그런 상황에 닥치면 갈등이 발생할 수 있다.

──────── **연애 스타일**

──────── 연애할 때 여행이나 운동 등 활동적인 시간을 함께 보내는 즐거운 경험을 추구한다. 감정을 심각하게 표현하기보다 밝고 긍정적인 태도로 관계를 유지하는 편이다. 대인 관계가 좋고 자유로운 행동의 소유자로 인기가 많아 주변에 성별과 관계 없이 친구가 많은데, 연애 상대가 이

를 지나치게 간섭하거나 구속할 경우 사이가 어긋나기 쉽다. 상대방이 안정적인 관계를 추구하는 스타일이라면 갈등이 생길 수 있으니 관계의 깊이를 유지하려는 노력이 필요하다.

───────── **직업 적성**

───────── 현실 감각을 가지고 스스로 업무 계획을 설계하고 행동하며, 상황에 직접 뛰어들어 경험하거나 해결하는 성향이다. 자신이 정한 기준에 따라 사고하고 행동하며 대담하게 의사 결정하는 능력이 있고, 위험을 감수하더라도 열정적인 아이디어를 곧바로 실행한다. 즉각적인 판단을 행동에 옮기는 분야에서 특히 강점을 보이기에 군인, 경찰, 소방관, 건축 엔지니어, 여행 가이드, 탐정 등의 직업에 유리하다. 또 목표 달성을 위한 추진력이 뛰어나 사업가, 경영자, 기업 관리, 판매, 마케팅, 영업직, 세일즈, 정치인 등의 직업에도 적합하다.

원만한 인간관계를 유지하고 조직 내 소통을 잘하며 조직을 이끌어가는 리더십도 있지만 모험적인 성향으로 위험을 무시하고 도전하다가 문제가 발생할 수 있다. 또 한 번에 지나치게 많은 계획과 업무를 동시에 과도하게 진행하다가 과부하로 인한 어려움을 겪기도 한다.

―――――― **보완할 점**

―――――― 이 유형은 즉흥적이고 모험적인 성향이 강해 장기적인 계획이나 규율을 지키는 면에서 어려움을 느낄 수 있다. 충동적인 결정을 내리기보다 목표를 정확히 세우고 끈기와 인내로 밀고 나가는 태도가 필요하며, 일이 너무 밀리지 않도록 치밀하게 마무리 짓는 습관을 기르면 도움이 될 것이다. 또한 타인의 감정을 깊이 이해하고 공감하는 능력을 기르고, 물질적인 면에 집착하기보다 정신적인 부분을 확장할 필요가 있다.

02

따뜻한 세상을 만들어가는 조력가들
- ISFJ, ESFJ, ISFP, ESFP

헌신적이고

성실한 수호자 ISFJ

> "사랑은 타인과 나눌 때 커진다. 더 많은 사랑을 받
> 는 유일한 방법은 다른 사람에게 사랑을 베푸는 것
> 이다."
>
> - 브라이언 트레이시 -

애니어그램

6번 유형(충성가) , 2번 유형(봉사가)

6번(충성가) + 5번(사색가) 80%, 6번(충성가) + 7번(낙천가) 20%

사주명리학(•포털, 앱 스토어에서 '만세력' 검색 후, 각자의 사주 오행을 확인해보세요.)

토(土) 일간 + 금(金) 식상 발달 + 수(水) 재성 발달

화(火) 일간 + 토(土) 식상 발달 + 금(金) 재성 발달 + 귀문관살

수(水) 일간 + 수(水) 비겁 발달 + 금(金) 인성 발달

신금(辛金) 일간 + 수(水) 식상 과다

신금(辛金) 일간 + 수(水) 식상 태과다

경금(庚金) 일간 + 수(水) 식상과다 + 귀문관살

경금(庚金) 일간 + 수(水) 식상태과다 + 귀문관살

갑목(甲木) 일간 + 화(火) 식상 발달 + 수(水) 인성 발달

정화(丁火) 일간 + 금(金) 재성 발달 + 목(木) 인성 발달 + 음팔통

병화(丙火) 일간 + 토(土) 식상 발달 + 화(火) 비겁 발달

정화(丁火) 일간 土 식상, 金 재성발달 귀문관살

신금(辛金) 일간 水 식상과다

土 일간 + 水 재성과다

水 일간 + 水 비겁과다 + 木 식상발달

토(土) 일간 + 수(水) 재성 과다

토(土) 일간 + 수(水) 재성 태과다

목(木) 일간 + 수(水) 인성 과다

목(木) 일간 + 수(水) 인성 태과다

수(水) 일간 + 수(水) 비겁 과다 + 화(火) 재성 발달

수(水) 일간 + 수(水) 비겁 태과다 + 화(火) 재성 발달

수(水) 일간 + 수(水) 비겁 과다 + 목(木) 식상 발달

수(水) 일간 + 수(水) 비겁 태과다 + 목(木) 식상 발달

성명학

(식신 + 식신) (식신 + 다른 육친)

(정인 + 정인) (정인 + 다른 육친)

──────── **유형 분석**

──────── ISFJ는 에니어그램에서 6번 유형(충성가)과 2번 유형(봉사가)의 성향과 유사하다. 6번 유형처럼 안정성과 신뢰를 중시하며, 관계에 헌신적인 2번 유형의 특성도 드러난다. 6번과 5번(사색가)의 조합은 ISFJ의 신중하고 체계적인 면과 닮았고, 6번과 7번(낙천가)의 조합은 새로운 경험을 선호하는 면에서 ISFJ의 성향을 반영한다. 충성심과 봉사 정신이 결합되어 사람들에게 안정적이고 조화로운 환

경을 제공해준다.

　사주명리학에서는 주로 안정성과 책임감을 나타내는 토 (土)와 타인에 대한 이해와 공감을 나타내는 수(水) 요소가 발달한 사주와 유사하다. 또한 성명학에서 식신은 타인에게 베풀고 기쁨을 주며, 정인은 조화로운 관계를 형성하며 포근한 안정감을 주는 성향을 나타낸다. 식신이 중첩되거나 정인이 중첩되고 혹은 다른 육친과 어우러질 때 ISFJ와 같은 포용적이며 헌신적인 태도를 잘 드러내게 된다.

──────── **성격 특성**

──────── 이 유형은 조용하고 내성적이며 책임감과 인내심이 매우 강하다. 주변 환경을 조화롭게 만들려고 노력하며 가정이나 조직 내에서 차분하고 따뜻한 모습으로 무난한 관계를 맺는다. 안정적인 가정과 조직에 속했을 때 구성원들에 대한 연민과 동정심이 발휘되고 그들을 위해 적극적으로 헌신한다.

　다만 자신이 속한 가정이나 조직 외의 공간에서는 관계 맺기를 두려워하는 경향이 있고, 타인의 감정을 헤아리지만 자신의 감정을 표현하는 것은 어색해한다. 혼자 있는 것을 외로워하지만 사람들과 함께 있는 것은 어색해해서 '인싸' 사이에서는 '아싸'이고, '아싸' 무리에서는 '인싸'가 된다.

일상에서 예측 가능한 루틴을 따르는 것을 좋아하고 조직의 규율에 충실한 편이다. 새로운 변화에 적응하는 데 시간이 걸릴 수 있지만 필요한 경우에는 수용한다. 자신의 내면을 들여다보고 자신이 가지고 있는 책임감을 진지하게 생각하며 주위 사람들의 기대를 충족시키기 위해 노력한다.

안정적인 상황에서는 협조적이고 최상의 역량을 발휘하지만 다소 우유부단할 수 있고, 불안정한 상황에서는 불안감과 스트레스가 몰려와 방어적이고 회피적인 성향을 보이기도 한다. 특히 잘못된 결과가 자신의 책임으로 다가오면 회피하거나 게을러지는 경향이 있다.

─────── **부모 자녀 특성**
─────── 이 유형의 부모는 자녀의 요구와 감정을 잘 파악하고 헌신적인 타입이다. 전통적인 부모 역할을 충실히 수행하여, 자녀가 안정된 환경에서 성장할 수 있도록 세심하게 돌본다.

하지만 지나친 의무감과 책임감으로 자녀의 행동을 지나

치게 간섭하거나, 바른 생활을 하도록 엄격하고 단호하게 훈육하는 경향이 있다. 자녀가 자신의 통제에 따르지 않을 때 양육에서 많은 어려움을 느낀다. 자녀가 모험적인 시도를 하려고 하면 매우 불안해지기 때문에 열정적이고 모험심이 큰 성향의 자녀와 갈등이 발생할 수 있다. 빈 둥지 증후군을 경험할 가능성이 높은 유형이기도 하다.

자녀의 경우 대체로 성실하고 규칙적이며 스스로 해야 할 일을 잘 찾아서 처리한다. 집중이 잘 되는 조용한 환경을 선호하며 어른들의 칭찬을 받는 것을 좋아해 순종적인 태도를 보인다. '애어른'이라는 별명이 있을 만큼 성숙해 보이는 타입이 많다. 자기만의 공간에 대해 정리정돈에 신경을 많이 쓰며, 안정적인 환경에서 편안함을 느낀다. 모험적인 행동을 하기보다 확실한 규칙이나 지시에 따른 체계적인 상황을 좋아한다.

그러나 가족 구성원 사이의 갈등에 민감하고 또래 무리를 향한 비판도 개인적으로 받아들이는 경향이 있어 스트레스에 다소 취약할 수 있다. 때론 작은 실수를 지나치게 곱씹기 때문에 자존감을 지킬 수 있는 환경을 형성해주는 것이 좋다.

연애 스타일

연애의 시작이 매우 신중하고, 다양한 조건을 세심하게 살피며 신뢰할 수 있는지 꼼꼼히 분석한다. 상대방의 감정을 능숙하고 민감하게 파악하며 깊은 관계를 형성하는 것을 좋아하기 때문에 상대에게 헌신적이고 결혼 후에도 매우 가정적이다. 한편 익숙하지 않은 공간이나 친밀하지 않은 사람과의 만남은 꺼려하고 안정적이며 조용한 관계를 유지하고 싶어 한다. 상대에게 상처를 주지 않으려 노력하지만 상대에게 지나치게 의지하는 경향이 있을 수 있다.

직업 적성

이 유형은 여러 일을 동시에 하는 것보다 안정적이고 예측 가능한 환경에서 한 가지 일에 집중하는 것을 선호한다. 디테일에 강하며 반복적이고 계획적인 업무에서 역량을 발휘한다. 사람들과 협력하며 일하는 것도 좋아하기 때문에 안정적인 조직에 있을 때 책임감을 가지고 동료들과 어울리며 성실하게 일한다. 부드럽고 배려심이 많으며 갈등을 최소화하고 조직의 관계를 조화롭게 만들어가는 능력이 있다.

다른 사람에게 무엇이 필요한지 예측하고 도움을 주는 데에 능숙하기 때문에 간호사, 물리 치료사, 유치원 교사, 초등 교사, 사회복지사, 공무원, 비서, 회사원, 도서관 사서 등의 직업에서 만족감을 느낄 수 있다. 한편 세심한 분석 능력과 깊고 넓은 지식을 가지고 있어 금융 데이터를 바탕으로 투자 분석과 전략 개발을 수행하는 일에도 적합하다. 금융 분석가, 회계사, 세무사 등 책임감과 신뢰를 바탕으로 하는 직업도 어울린다.

─────── **보완할 점**

─────── 근시안적 안목으로 작은 것을 직시하기보다 거시적인 미래를 보는 관점을 기르는 것이 좋다. 많은 일을 열심히 하고도 겉으로 드러나지 않을 수 있으니 조금 더 적극적이고 확신에 찬 태도를 기르면 도움이 될 것이다. 타인을 지나치게 배려하느라 자신의 감정과 필요를 표현하는 데 어려움을 겪을 수 있으니 자신을 돌보고 자존감을 지키는 연습도 필요하다.

친근하고
따뜻한 사교주의자 ESFJ

> "서로를 응원하고 기운을 북돋아 주어라. 한 사람에
> 게 전달되는 긍정적인 에너지를 모두가 느끼게 될
> 것이다."
>
> – 데보라 데이 –

사주명리학(•포털, 앱 스토어에서 '만세력' 검색 후, 각자의 사주 오행을 확인해보세요.)

을목(乙木) 일간 + 화(火) 태과다

을목(乙木) 일간 + 목(木) 발달 + 금(金) 발달

을목(乙木) 일간 + 화(火) 발달 + 금(金) 발달

갑목(甲木) 일간 + 목(木) 발달 + 화(火) 발달 + 토(土) 발달

갑목(甲木) 일간 + 화(火) 식상 발달

갑목(甲木) 일간 + 화(火) 식상 과다

임수(壬水) 일간 + 목(木) 식상 발달 + 화(火) 재성 발달 + 금(金)
인성 발달

계수(癸水) 일간 + 목(木) 식상 발달 + 화(火) 재성 발달 + 금(金)
인성 발달

임수(壬水) 일간 + 금(金) 인성 과다

임수(壬水) 일간 + 금(金) 인성 발달

임수(壬水) 일간 + 금(金) 인성 과다 + 토(土) 관성 발달

갑목(甲木) 일간 + 화(火) 식상 발달 + 금(金) 관성 발달

을목(乙木) 일간 + 화(火) 식상 발달 + 금(金) 관성 발달

갑목(甲木) 일간 + 목(木) 비겁 발달 + 금(金) 관성 발달

을목(乙木) 일간 + 목(木) 비겁 발달 + 금(金) 관성 발달

갑목(甲木) 일간 + 목(木) 비겁 발달 + 금(金) 관성 과다

을목(乙木) 일간 + 목(木) 비겁 발달 + 금(金) 관성 과다

갑목(甲木) 일간 + 금(金) 관성 발달

을목(乙木) 일간 + 금(金) 관성 발달

갑목(甲木) 일간 + 금(金) 관성 과다

을목(乙木) 일간 + 금(金) 관성 과다

갑목(甲木) 일간 + 토(土) 재성 발달 + 금(金) 관성 발달

무토(戊土) 일간 + 화(火) 인성 발달 + 금(金) 식상 발달

무토(戊土) 일간 + 금(金) 식상 발달 + 목(木) 관성 발달

기토(己土) 일간 + 금(金) 식상 발달 + 목(木) 관성 발달

무토(戊土) 일간 + 목(木) 관성 발달 + 화(火) 인성 발달

기토(己土) 일간 + 목(木) 관성 발달 + 화(火) 인성 발달

신금(辛金) 일간 + 금(金) 비겁 발달 + 수(水) 식상 발달

갑목(甲木) 일간 + 火 식상 과다

갑목(甲木) 일간 + 木 비겁 발달 + 金 관성 발달

임수(壬水) 일간 + 金 인성 과다

무토(戊土) 일간 + 木 관성 발달 + 火 인성 발달

성명학

정관

편관

정재

───────── **유형 분석**

───────── ESFJ는 사주명리학에서 주로 목(木)과 화(火), 금(金)이 발달한 유형과 비슷하다. 목(木)의 발달은 타인에 대한 관심이 많고 관계를 중시하는 성향을 보여주고, 화(火)는 타인과의 상호작용을 통해 에너지를 얻는 열정과 사교성을 나타낸다. 금(金)은 결단력과 책임감을 나타내기에 ESFJ의 신뢰받는 성향과 실질적 도움을 주는 특성과 유사하다. 따뜻한 인간관계를 유지하며 주변 사람들에게 안정

감을 주는 유형이다.

성명학에서 정관과 편관, 정재는 모두 타인에 대한 배려와 조화를 중요시하는 성향을 나타낸다. 정관은 규칙과 예의를 중요시하고 주변 사람들에게 안정감을 주며, 편관은 책임감 있게 조직을 이끄는 리더십을 보여준다. 정재는 현실적이고 실용적이면서도 관계 중심적인 태도를 보이는 면이 ESFJ의 성향과 유사하다.

───────── **성격 특성**

───────── 이 유형은 친절하고 능동적이며 주변 사람들을 배려하고 베푸는 따뜻한 성격을 가지고 있다. 친절하고 동료애가 강하며 남을 잘 도와주는 타고난 협력자다. 자신의 감정, 가치관, 고민 등을 먼저 털어놓으면서 연대감을 형성하고 사람과의 관계 속에서 에너지를 얻는다. 스트레스가 쌓이면 사람을 만나 해소하려고 하는 식이다. 이타적이고 가까운 사람에게 관대하지만 싫어하는 사람에게는 엄격한 잣대를 들어 판단하기도 한다.

일상 속에서는 규칙과 질서를 좋아해 계획된 만남이나 일정을 선호한다. 또 옳고 그름에 대한 명확한 기준을 가지고 있는데, 자신의 의견이 반대 의견에 부딪혔을 때나 자신의 요구가 거부당했을 때는 마음의 상처를 크게 받는다. 반대로 주변 사람들의 칭찬과 인정을 통해 동기 부여를 받기도 한다. 때로는 주변의 기대에 민감해 자기 희생을 하거나 감정 조절이 되지 않는 경우가 있어 스스로 감정을 다스리는 연습도 필요하다.

부모 자녀 특성

이 유형의 부모는 자녀를 과잉 보호하는 경향이 있어 자녀가 독립할 수 있는 기회를 주지 않거나 과도하게 통제할 수 있다. 자녀가 잘못을 저질렀을 때조차 자녀의 편을 들기도 한다. 안정적인 성향의 자녀는 이런 부모의 양육 방식에 편안함을 느끼지만, 자녀가 자유롭고 독립심이 강한 성향일 때는 부모와 갈등이 심해지는 경우가 있다. 특히 사춘기나 결혼 등의 시기에 독립하려는 자녀와 심각한 갈등을 겪을 수 있어 자녀의 자율성을 존중하려는 노력이 필요하다.

자녀의 경우에는 집이나 학교에서 자신의 역할이 무엇인지 파악하려고 하며 명확한 규칙 속에서 안정감을 느낀다.

주변 분위기나 사람들의 상황을 세심하게 살피면서 도우려고 하는 한편 좋지 않은 일이 일어날 경우에는 과하게 걱정하는 경향도 있다. 목표 지향적이고 완벽주의적 성향이 강해 높은 기준을 세우고 이를 지키려 하지만 이로 인해 과도한 스트레스에 노출될 수 있다.

──────── **연애 스타일**

──────── 자신의 감정을 능숙하게 표현하며 그만큼 상대에게도 적극적인 표현을 바라는 타입이다. 상대방을 배려하고 적극 공감하며 고민을 들어주고, 서로 인정받고 신뢰하는 관계를 중요하게 여긴다. 다만 주변의 모든 사람들에게 따뜻하고 자상한 편이라 연인이나 배우자로부터 불평을 듣기도 한다. 또 상대방의 지나친 요구까지 받아들이면서 자신을 희생하기도 하므로 관계 내에서 균형을 찾을 필요가 있다.

──────── **직업 적성**

──────── 사회 적응력이 뛰어나고 타인의 감정을 잘 배려하기 때문에 사람들과 상호작용이 많은 직업에서 역량

을 발휘하기 좋다. 이를테면 타인을 적극적으로 도와주는 역할을 할 수 있는 교직, 간호직, 의료직, 서비스직, 판매직, 성직자, 사회복지 업무 등에 적합하다. 소비자의 클레임이나 소비자의 고민을 해결해주고, 특히 사람들에게 현실적인 이익을 주는 일에 능력이 있다.

한편 수치와 데이터를 기반으로 정리하고 표현하는 일에도 능숙하기 때문에 경영 컨설턴트, 마케팅 전문가, 재무 분석가, 회계사, 프로젝트 책임자, 부동산 경영자, 정책 책임자 등의 직업도 잘 맞는다.

개인의 목표보다는 집단의 목표를 중요하게 여기며, 사람들에게 인정과 칭찬을 받는 것을 즐긴다. 규칙적이고 전통적인 방식에 충실하며 계급과 위계질서를 잘 따르는 편이지만, 한편 빠른 업무 변화에 적응하는 것은 어려워하고 검증되지 않은 의견에 대해 거부 반응이 있다. 완벽주의자 기질이 있어 자신이 옳다고 생각하는 일에는 감정적으로 고집을 부리기도 한다.

하지만 완벽주의적이고 긍정적인 성향 덕분에 조직 내에서 신뢰받으며, 대개는 조직 내에서 갈등을 최소화하고 조화로운 분위기를 유지하는 데 기여하는 사람이다.

────────── 보완할 점

────────── 다른 사람의 감정과 기대에 너무 중점을 두기보다는 조금 더 냉철하게 접근할 필요가 있다. 일과 사람에 대해 급하게 판단하고 결정하는 경향이 있는데, 타인의 비판이나 칭찬을 객관적으로 받아들여 신중하게 접근하는 것이 좋다. 또 새로운 아이디어나 변화에 대해 유연하게 받아들이는 태도를 기른다면 성장에 한층 도움이 될 것이다.

호기심 많은
예술가 ISFP

"당신 자신이 되어라, 다른 사람의 자리는 이미 차 있다."

– 오스카 와일드 –

애니어그램

9번 유형(30%) (중재자, 조정자)

사주명리학 (•포털, 앱 스토어에서 '만세력' 검색 후, 각자의 사주 오행을 확인해보세요)

을목(乙木) 일간 + 토(土) 재성 발달

을목(乙木) 일간 + 토(土) 재성 과다

정화(丁火) 일간 + 금(金) 재성 발달

정화(丁火) 일간 + 화(火) 비겁 발달 + 금(金) 재성 발달

정화(丁火) 일간 + 화(火) 비겁 발달 + 토(土) 식상 발달

무토(戊土) 일간 + 토(土) 비겁 발달 + 수(水) 재성 발달

기토(己土) 일간 + 토(土) 비겁 발달 + 수(水) 재성 발달

무토(戊土) 일간 + 토(土) 비겁 발달

기토(己土) 일간 + 토(土) 비겁 발달

무토(戊土) 일간 + 토(土) 비겁 과다 + 귀문관살

기토(己土) 일간 + 토(土) 비겁 과다 + 귀문관살

기토(己土) 일간 + 화(火) 인성 과다 + 토(土) 비겁 발달

기토(己土) 일간 + 토(土) 비겁 발달 + 수(水) 재성 발달 + 귀문

경금(庚金) 일간 + 목(木) 재성 발달

신금(辛金) 일간 + 목(木) 재성 발달

계수(季水) 일간 + 수(水) 비겁 발달

계수(季水) 일간 + 수(水) 비겁 과다 + 귀문관살

임수(壬水) 일간 + 화(火) 재성 발달

무토(戊土) 일간 + 土비과다 + 귀문관살

을목(乙木) 일간 土재성 과다

─────── **유형 분석**

─────── ISFP는 에니어그램 9번 유형(중재자, 조정자)와 유사하다. 평화를 좋아하고 주변 사람들과 조화롭게 어울리기를 원하며, 깊은 공감 능력을 바탕으로 타인의 감정을 고려해 행동한다. 사주명리학에서는 주로 유연하고 부드러운 성향을 나타내는 을목(乙木)과 감성적인 에너지를 보여주는 정화(丁火), 안정적이고 차분한 무토(戊土)와 기토(己土)가 포함된 유형이 이와 비슷한 성향을 보인다. 여기에 토(土)가 발달한 경우 ISFP가 평온한 환경에서 조화를 추구하는 것처럼 사람들과 평화로운 관계를 유지하려는 안정성이 강화된다. 수(水)가 발달하면 감정적 유연성이 더해져 타인에 대한 깊은 공감과 배려가 나타나는 모습을 볼 수 있다.

─────── **성격 특성**

─────── 개인주의적인 성향이 강해 처음에는 다소 차가워 보일 수 있지만 친해지면 다정하고 온화하며 친절

한 성격이 드러난다. 사람을 쉽게 믿고 부탁을 거절하지 못하며, 내면의 감수성과 공감 능력이 뛰어나 타인의 감정을 깊이 이해하려고 노력한다. 감정을 겉으로 잘 드러내지 않고 내면에 감추는 편이지만 가족이나 친한 사람들 앞에서는 솔직한 모습을 보여준다. 자신의 방식이 있지만 타인과의 조화와 공감을 중요시하며, 따뜻한 마음으로 주변에 긍정적인 영향을 미치는 유형의 사람들이다.

규칙이나 틀에 얽매이는 것을 싫어하지만 지켜야 할 선은 분명히 가지고 있다. 유연한 사고방식을 가지고 있어 타인의 비판이나 의견도 잘 수용하는 편이다. 감각적인 즐거움을 추구해 주변 환경에서 소소한 아름다움을 발견하거나 즐기는 것을 좋아하고, 예술적이고 창의적인 활동에도 흥미를 느낀다. 호기심이 많아 여러 분야에 넓게 관심을 두고, 새로운 경험을 통해 내면의 감수성을 채운다. 또한 관찰력이 뛰어나 사람이나 사물을 다양한 시각에서 바라보는 관점을 지니고 있다. 아무것도 하지 않고 멍하게 있는 시간도 좋아한다.

높은 집중력을 발휘하긴 하지만 꾸준히 이어가기보다 단기간에 몰입하여 열정적으로 임하는 경우가 많다. 현재를 중요하게 여기다 보니 미래나 장기적인 계획을 놓칠 수 있다는 점을 유의하여, 작은 목표를 세워가며 균형을 맞추면 도움이 될 것이다.

─────── **부모 자녀 특성**

─────── 이 유형의 부모는 자녀의 감정과 개성을 존중하여 자율성을 키워주는 양육 태도를 보인다. 자녀가 직접 경험하면서 스스로 깨닫고 결정하기를 바라며, 친구처럼 친밀한 부모가 되어주는 경우도 많다. 자녀의 감정에 민감하게 반응하려 노력하지만 때로는 자녀에게 확고한 방향을 제시해주지 않는 면이 지나치게 방임적인 태도로 보일 수도 있다.

자녀의 경우에는 독립적이면서도 가족이나 친구들과 따뜻하고 조화로운 환경에서 지내는 것을 좋아한다. 주입식이나 암기식 교육에 쉽게 싫증을 내며, 감성과 감각을 활용한 시청각 교육이나 현장 학습에서 학습 효과가 더욱 크다. 너무 규칙적이거나 꼼꼼한 계획보다 융통성 있고 유연한 계획을 선호한다. 또한 학업뿐 아니라 연예, 예술, 방송, 체육 등 다양한 분야나 취미 생활에 관심이 많아 폭넓은 경험을 쌓을 수 있는 반면 한 가지에 몰입하지 못하고 시간을 많이 빼앗기기도 한다.

─────── 연애 스타일

─────── 좋아하는 사람이 있어도 다른 사람과 똑같은 모습으로 대하기 때문에 상대가 좋아하는지 모르는 경우가 많아 연애가 성사되기 어렵다. 하지만 막상 사랑에 빠지면 연인 관계에 집중하고, 헌신적이며 충성하는 연애를 한다. 연인과 함께 소소한 순간을 즐기고 일상에서 행복을 찾는 편이다. 어느 정도 친한 관계가 형성되면 새로운 즐거움을 찾는 경우도 있기 때문에 두 사람이 같은 취미를 갖는다면 더욱 애정이 깊어지고 돈독해질 수 있다.

─────── 직업 적성

─────── 많은 사람들 앞에 나서지 않아도 되는 환경에서 능력을 발휘하며, 조용하게 일할 수 있는 독립적인 업무 환경을 선호한다. 지나치게 계획적인 방식보다는 자유롭고 즉흥적인 업무 방식을 추구하며, 순간의 상황과 감정에 충실하여 유연하게 대처하는 스타일이다. 때로는 혁신

적인 해결책을 탐구해내기도 하지만 융통성이 지나쳐 장기적인 계획을 일관성 있게 이끌어가는 데는 어려움을 겪을 수 있다.

사람들에게 직접적인 도움을 주거나 누군가를 가르치는 일에 어울려 간호사, 물리 치료사, 상담 심리학자, 사회복지사, 아동 돌봄사, 퍼스널 트레이너, 경찰, 교사, 보육 교사 등의 직업이 잘 맞는다. 또 새로운 아이디어와 가능성을 탐구하거나 타인과 감정적이고 창의적인 방식으로 소통하는 성향은 연구직이나 소설가, 연예인, 음악가, 서비스업과도 어울릴 수 있다.

──────── **보완할 점**

──────── 다른 사람의 평가에 지나치게 신경을 쓰기보다 내면의 힘을 키우고 자존감을 높이는 것이 중요하다. 상대방의 말뿐만 아니라 그 이면의 속마음과 다양한 가능성을 살펴보는 습관을 기르는 것이 좋다. 또한 사람들의 감정 변화를 세심하게 살피고 배려하는 것은 좋지만 때로는 자신의 감정에 너무 부담이 되지 않도록 균형을 유지하며 자신감 있게 결단하고 추진할 필요도 있다.

친화력이 높고
관용적인 낙천가 ESFP

"나는 다른 삶을 살고 싶었다. 매일 똑같은 곳에서

똑같은 사람을 만나고 똑같은 일을 하고 싶지는 않

았다. 나에게는 흥미로운 도전이 필요했다."

- 헤리슨 포드 -

에니어그램

7번 유형, 재다 (낙천가, 만능가)

사주명리학(*포털, 앱 스토어에서 '만세력' 검색 후, 각자의 사주 오행을 확인해보세요.)

갑목(甲木) 일간 + 화(火) 과다

갑목(甲木) 일간 + 화(火) 발달

을목(乙木) 일간 + 화(火) 과다

을목(乙木) 일간 + 화(火) 발달

갑목(甲木) 일간 + 목(木) 발달 + 화(火) 발달

을목(乙木) 일간 + 목(木) 발달 + 화(火) 발달

갑목(甲木) 일간 + 화(火) 발달 + 토(土) 발달

화(火) 일간 + 목(木) 인성 발달 + 토(土) 식상 발달

토(土) 일간 + 화(火) 인성 발달 + 수(水) 재성 발달

목(木) 일간 + 수(水) 인성 발달 + 토(土) 재성 발달

목(木) 일간 + 화(火) 발달 + 토(土) 발달

화(火) 일간 + 수(水) 발달 + 토(土) 발달

토(土) 일간 + 화(火) 발달 + 토(土) 발달

목(木) 일간 + 토(土) 발달 + 수(水) 발달

화(火) 일간 + 금(金) 발달 + 화(火) 발달

수(水) 일간 + 화(火) 발달 + 수(水) 발달

수(水) 일간 + 화(火) 발달 + 토(土) 발달

목(木) 일간 + 목(木) 발달 + 토(土) 발달

기토(己土) 일간 + 수(水) 재성 발달 + 토(土) 비겁 발달

신금(辛金) 일간 + 화(火) 관성 과다 + 토(土) 인성 발달

갑목(甲木) 일간 + 火 과다

을목(乙木) 일간 + 木 발달 + 火 발달

土 일간 + 火 발달 + 水 발달

성명학

편재

─────── 유형 분석

─────── 현재의 순간을 즐기며 자유로운 삶을 추구하는 ESFP는 에니어그램 7번 유형(낙천가)와 유사하다. 반복적인 일상보다 새롭고 흥미로운 경험을 찾으려는 모험심이 강하고 주변 사람들과의 사교적인 관계를 통해 활력을 얻는다.

사주명리학에서는 주로 목(木)과 화(火) 요소가 발달된 조합이 ESFP와 유사한 성향을 나타낸다. 창조적이고 긍정적인 목(木)에 화(火)의 활력과 열정이 더해진 모습이다. 목(木)과 토(土)가 함께 발달한 경우에는 ESFP의 조화로운 관계를 중시하면서도 안정감을 추구하는 성향에 가까워진다. 또 화(火)와 수(水)가 함께 발달된 경우는 상황에 따라 유연하게 대응하는 개방적인 모습이 즉흥적이고 자유로운 ESFP의 성향과 비슷하다.

성명학에서는 편재가 인간관계에 능숙하고 사교적이며 친밀한 관계를 형성하는 성향을 나타낸다. 이들은 기회를 포착하고 실질적인 성과로 연결하는 대담함도 지니고 있다.

───────── **성격 특성**

───────── 이 유형은 낙천적이고 사교적인 성향으로 사람들을 편견 없이 받아들이며 쉽게 친해진다. 부드럽고 쾌활하여 어디에서나 흥을 돋구는 분위기 메이커 역할을 한다. 뛰어난 사교성을 지녔으며 사람과의 관계에 있어 감각이 예민하고, 사람에 대한 분석 능력과 통찰력이 높으며 주위에 일어나는 일과 사람들에 대해 관심이 많다. 어떤 상황에서든 잘 적응하지만 혼자 있거나 지루한 상황은 힘들어하는 경향이 있고, 사회적 활동과 관계 속에서 즐거움을 찾는 유형이다.

정직하고 솔직하며 현재를 즐기고 주어진 삶에 감사하는 마음을 지니고 있다. 감정적이고 충동적인 경향이 있어 계획에 따라 행동하거나 지나친 규율에 따르는 환경을 싫어하고, 하루하루를 즐겁고 낙천적으로 살아가고 싶어 한다. 실제 경험을 통해 배우는 것을 선호하는 활동적인 성향이지만 간혹 비현실적인 일확천금의 꿈에 사로잡히기도 한다.

다만 책임감이 필요한 상황에서는 때로 부담을 느끼며

책임을 회피하려는 경향도 있다. 조직이나 공동체에서 밝은 분위기를 조성하는 능력은 뛰어나지만, 가끔 진지함이 부족하여 제대로 된 마무리를 놓치기도 한다. 자유롭고 즉흥적인 즐거움을 추구하는 밝은 면을 보완할 수 있는 책임감 있는 태도에 대해 노력할 필요가 있다.

—————— 부모 자녀 특성

—————— 이 유형의 부모는 개방적이고 자유로운 양육 방식을 가지고 있다. 자녀의 성적보다는 자녀의 행복에 더욱 중점을 두며, 대화를 많이 나누고 애정 표현도 아끼지 않는다. 여행이나 다양한 경험을 통해 유대감을 쌓고 만족스러운 삶을 누리도록 하는 것도 중요하게 생각한다. 다만 외부에서 즐거움을 찾는 성향 때문에 간혹 자녀를 방임하거나 방치하는 경우가 생길 수 있어, 자유로운 환경과 함께 안정감을 주는 책임감도 필요하다.

자녀의 경우에는 관심사가 많고 폭넓은 지식과 정보를 바탕으로 다양한 분야에 호기심을 보인다. 개방적이고 자유로운 성향으로 흥미를 느끼는 일에는 적극적이고 모험적으로 참여한다. 사람들과의 관계에서도 마찬가지로 적극적이며 누구를 만나든 쉽게 친해진다. 옷을 잘 입고 꾸미는 감각이 뛰어나며, 밝고 낙천적인 성격에 늘 에너지가 넘치는 편이다.

공부에 재미를 느껴야 몰입할 수 있기 때문에 토론형 학습, 현장 학습, 보상형 학습과 같은 방식으로 동기 부여를 해주는 것이 좋다. 또 연예, 예술, 방송, 체육, 뷰티 같은 감각적이고 창의적인 활동에도 흥미를 느낄 가능성이 높다. 보수적이거나 강압적이며 지시형인 부모와는 갈등을 겪기 쉬우니 되도록 자유로운 환경 속에서 관심사에 집중할 수 있도록 해주는 것이 성장에 도움이 될 것이다.

─────────── **연애 스타일**

─────────── 적극적으로 사랑을 표현하는 타입이다. 연인과 함께 시간 보내는 것을 좋아하고 상대의 장점을 보며, 상대방에게 어떤 사랑의 이벤트를 할지 고민하는 로맨틱한 기질이 있다. 다만 사교적이고 새로운 경험을 추구하는 성향 덕분에 다양한 모임이나 동호회 등의 활동에 에너지를 쏟으면서 연인과의 시간에 다소 소홀해질 가능성도 있다. 서로의 관심사를 공유하거나 취미를 함께하며 유대감을 높

이고, 둘만의 특별한 순간을 꾸준히 만들어가는 것이 관계에 도움이 된다.

───────── **직업 적성**

───────── 사람들과 함께하는 것을 즐기는 외향적인 성향이기 때문에 원활한 대인 관계를 바탕으로 사람이나 동물을 돕는 능력이 뛰어나다. 책임감 있게 타인을 돌보고 친절한 태도로 대할 뿐 아니라 사람과의 교류를 통해 성장하고 도움을 주는 일을 선호한다. 논리적 분석보다는 인간 중심의 가치에 따라 어떤 결정을 내리는 편이다.

이를테면 간호사, 물리 치료사, 작업 치료사, 사회복지사, 마사지 치료사, 보육 교사, 특수 교사, 아동 돌봄사, 소아과 의사, 사회복지사 등의 직업이 잘 맞을 수 있다. 또 레크레이션 진행자처럼 분위기를 띄우거나 이벤트를 기획하는 일, 매장 관리자나 쇼 호스트처럼 제품이나 서비스를 소비자에게 홍보하는 등 고객과 관계를 구축하고 의사소통하는 일에도 잘 어울린다.

상황에 따라 유연하게 대처하고 즉흥적인 결정이나 판단이 빠르기 때문에 임기응변이 필요한 순간에도 문제를 즉각 해결하는 모습을 보인다. 또 감각적이고 감성이 풍부하여 창의성이나 감정적 지원이 필요한 일에서도 역량을 발휘한다. 실제로 체험하며 배우는 것을 좋아하여 경험을 통해 학습하는 타입이다. 플로리스트, 인테리어 디자이너, 패션 디자이너, 사진작가, 예술가, 음악가, 화가, 무용가 등의 직업에도 잘 맞는다.

──────── **보완할 점**

──────── 낙천적이고 쾌락적인 성향이 강해 즐거움을 추구하다가 계획을 소홀히 할 수 있기 때문에, 일과 오락의 구분을 명확히 하면서 맡은 바 책임을 다하는 데 노력할 필요가 있다. 시간 관리에 조금 더 신경 쓰고 계획한 일을 책임감 있게 마무리한다면 더욱 주변의 신뢰를 쌓아갈 수 있을 것이다. 즐거움과 책임의 균형을 통해 강점을 살리면서도 성과로 이어갈 수 있도록 노력하는 것이 좋다.

03

새로운 가능성에 도전하는 분석가들
- INTJ, ENTJ, INTP, ENTP

용의주도한

전략가 INTJ

"성공의 비결은 남들이 잘 때 공부하고 남들이 빈둥
거릴 때 일하고 남들이 놀 때 준비하고 남들이 그저
바라보기만 할 때 꿈을 갖는 것이다."

- 윌리엄 아서워드 -

애니어그램

5번 유형(사색가, 관찰가), 6번 유형(충성가)

사주명리학(•포털, 앱 스토어에서 '만세력' 검색 후, 각자의 사주 오행을 확인해보세요)

경금(庚金) 일간 + 수(水) 식상 발달 + 토(土) 인성 발달 + 음 여덟 개 or 음 여섯 개 or 귀문관살

신금(辛金) 일간 + 수(水) 식상 발달 + 토(土) 인성 발달 + 음 여덟 개 or 음 여섯 개 or 귀문관살

임수(壬水) 일간 + 수(水) 비겁 발달 + 금(金) 인성 발달 + 귀문관살

계수(癸水) 일간 + 수(水) 비겁 발달 + 금(金) 인성 발달 + 귀문관살

신금(辛金) 일간 + 토(土) 인성 발달 + 목(木) 재성 발달 + 귀문관살

신금(辛金) 일간 + 금(金) 비겁 발달 + 사(巳) 월

신금(辛金) 일간 + 금(金) 비겁 발달 + 수(水) 식상 발달 + 음 여덟 개 또는 음 여섯 개 또는 귀문관살

정화(丁火) 일간 + 금(金) 재성 발달 + 수(水) 관성 발달 + 음 여덟 개 또는 음 여섯 개 또는 귀문관살

정화(丁火) 일간 + 수(水) 관성 발달 + 금(金) 재성 발달 + 무인성

신금(辛金) 일간 + 금(金) 비겁 발달 + 수(水) 식상 발달 + 무인성

을목(乙木) 일간 + 수(水) 인성 과다

신금(辛金) 일간 + 水 식상 발달 + 土 인성 발달 + 음 6개

계수(癸水) 일간 + 水 비겁 발달 + 金 인성 발달 + 귀문관살

신금(辛金) 일간 + 金 비겁 발달 + 巳 月

정화(丁火) 일간 + 金 재성 발달 + 水 관성 발달 + 음 6개

성명학

양정재 + 양상관

음정재 + 음상관

양정재 + 양정재

음정재 + 음정재

양겁재 + 양정인

───────── **유형 분석**

───────── INTJ는 에니어그램의 5번 유형(사색가, 관찰가)이나 6번 유형(충성가)과 유사한 면이 많다. 5번 유형은 지적 호기심이 높고 이성적 판단을 중요시하며, 문제 해결을 위해 객관적인 정보를 중심으로 접근한다는 점에서 INTJ와 비슷하다. 6번 유형은 불확실성을 줄이고자 체계적인 계획과 철저한 준비를 중요시한다. 사색가의 깊이 있는 사고방식과 독립적 성향, 충성가의 계획성과 책임감이 결합된 유형이라고 볼 수 있다.

사주명리학의 관점에서는 주로 금(金)과 수(水)가 발달하면서 일부 토(土)나 목(木)이 추가되었을 때 INTJ와 유사한 성향을 보이게 된다. 또 귀문관살이 있는 경우에는 INTJ의 분석적 사고와 마찬가지로 예리한 직관력과 깊은 내면 세계를 갖는다. 성명학에서 INTJ와 유사한 조합은 모두 목표 지향적이면서 체계적인 사고, 또한 독립적이며 현실적인 접근을 추구하는 성향을 나타낸다. 감정보다는 논리적인 분석과 효율적인 태도를 중시하는 사람들이다.

─────── **성격 특성**

─────── 반짝이는 통찰력과 뛰어난 논리력을 지니고 있다. 문제 해결에 대한 강한 욕구가 있는데, 이 과정에서 사건의 원리와 배경을 분석하며 증거가 확실한 사실인지도 중요하게 여긴다. 효율성과 체계성을 추구하기 때문에 언제나 좀 더 효율적인 방법을 찾고 싶어 하며, 정형화되지 않은 규칙이나 체계가 부실한 개념은 받아들이기 어려워한다. 세부 목표까지 체계적으로 정해놓고 완성시켜가는 것을 선호하는 타입이다.

지식이나 정보에 대한 욕심이 큰 편이고 학습을 통해 자존감을 높인다. 다만 자신의 생각과 거리가 있는 사람은 좋아하지 않고 간혹 강하게 비판하는 경향도 있다. 어떤 일을 할 때는 감정에 휘둘리지 않으며 합리적이고 이성적인 판단을 중요하게 여긴다. 독립적인 성향이 강하고 결단력과 추진력이 뛰어나 주어진 일을 효과적으로 처리한다.

또한 창의적인 아이디어를 풍부하게 만들어내고, 사건과 문제를 다각도로 분석하여 새로운 접근 방식을 통해 해결책을 모색하는 능력이 뛰어나다. 다소 고집이 센 비판주의자처럼 보일 수도 있으나 목표 달성을 위해 끊임없이 성장하며 실질적인 변화를 이끌어내는 완벽주의적 전략가이기도 하다.

─────────── **부모 자녀 특성**

─────────── 이 유형의 부모는 자녀 육아를 통해 만족감을 느끼고, 자녀 교육을 통해 개인적인 성장을 경험한다. 자녀에게 지식의 중요성을 강조하여 더 많은 지식을 쌓도록 지원하고, 자녀가 독립적으로 문제 해결을 할 수 있기를 바란다. 어린 자녀에게도 이성적인 태도를 요구하며 애정 표현에 서툰 편이다. 통제가 잘 되지 않는 자녀를 대할 때는

어려움을 겪기도 한다. 자녀와 보다 정서적인 유대감을 키우고 자율성을 존중하며 소통하는 노력을 기울이는 것이 좋다.

자녀가 이 유형일 때는 아는 것이 많고 똑똑하다는 인상을 주며, 일찍부터 독립적인 태도를 보인다. 흥미를 느끼는 분야가 생기면 깊이 파고들어 집중하는 성취욕과 추진력이 있다. 친구를 사귀는 데는 개방적이지 않아 소수의 친구를 두는 편이며, 자신이 납득하지 못하는 규칙에 대해서는 따르지 않고 저항하는 경향이 있다. 타인과 협력하거나 타인의 관점을 수용하는 유연성을 기르면 자신이 가지고 있는 지적 욕구를 더욱 충족시키는 방향으로 발전할 수 있다.

─────── **연애 스타일**

─────── 연애에서도 논리적이고 합리적이며 자신만의 기준이 확실한 편이다. 연애를 하나의 과제를 수행하듯 분석적으로 접근하며, 상대방에게 자신의 지식과 깊이 있는 사고를 자연스럽게 어필하려는 경향이 있다. 솔직한 태도로 상대를 대하지만 그 탓에 때로는 로맨틱한 분위기와는 거리가 멀어지기도 한다. 관계가 깊어지는 데까지 시간이 걸

리는 편이고, 자신이 정한 높은 기준에 상대방이 맞춰주기를 바라는 면이 강하다.

──────── **직업 적성**

──────── 프로젝트를 계획하고 목표를 설정하여 단계별로 이끌어가는 계획적이고 전략적인 능력이 돋보이는 유형이다. 구체적인 준비와 설계를 필요로 하거나, 복잡한 문제를 해결하고 분석하는 데에 탁월한 재능을 보인다. 복잡한 시스템을 단계적으로 구축하고 개선하여 이상적인 시스템을 구축하는 실용적인 분야에 어울린다. 이때 독창적인 권한이 주어지고 세세하고 반복적인 것을 요구하지 않는 환경에서 더욱 능력을 발휘한다.

정보와 지식을 통해 합리적이고 근거 있는 의견을 제시하며, 연구와 분석에 의거하여 결론을 이끌어내는 역량이 있다. 새로운 지식에 대한 탐구와 정보 수집에도 능숙하며 깊고 넓은 지식을 보유하고 있다. 분석적이고 전략적인 사고를 요구하는 전략 기획가, 프로젝트 매니저, 경영 컨설턴트, 연구 개발 전문가, 엔지니어, 통계학자, 데이터 분석가, 과학자, 천문학자, 수학자, 경제학자 등의 직업에 잘 맞는다.

또한 새로운 아이디어에 개방적이고, 아이디어를 현실로 만드는 과정에서 성취감을 강하게 느낀다. 새로운 지식 탐구와 정보 수집을 통해 자기 계발에 전념하며, 취미 생활도 자기 계발과 정보 수집을 위한 경우가 많다. 이러한 면모는 이공계 교수, 교육 공학 설계자 등 학문과 교육 분야의 직업에도 잘 맞는다.

다만 자신의 아이디어에 집착하여 공동체의 의견 수렴에는 방해가 되는 경우도 있고, 동료와의 업무에서 과도하게 비판적이어서 불화를 조장하기도 한다. 조직원의 의견을 수렴하고 수용하는 겸손의 미덕도 필요하다.

─────────── 보완할 점

─────────── 자신의 생각이나 가치관을 주장하기 전에 타인의 감정, 관점, 가치관을 경청하고 수용하려는 노력이 필요하다. 타인의 생각이나 가치관을 비판하거나 비난하는 상황을 줄임으로써 보다 긍정적인 관계를 형성해나갈 수 있다. 지나치게 일 중심적이기보다 인간관계 속에서 정서적 유대감을 쌓는 경험을 늘려가는 것은 직무 수행뿐 아니라 개인적인 성장에도 도움이 될 것이다.

도전적인
모험가 ENTJ

> "미래를 예측하는 가장 좋은 방법은 그것을 창조하
> 는 것이다."
>
> — 피터 드러커 —

애니어그램

3번 유형 (성취가)

사주명리학 (•포털, 앱 스토어에서 '만세력' 검색 후, 각자의 사주 오행을 확인해보세요)

1) 성취 지향성과 실용적인 성과 추구

경금(庚金) 일간

경금(庚金) 일간 + 목(木) 재성 발달

병화(丙火) 일간 + 화(火) 비겁 발달 + 금(金) 재성 발달

병화(丙火) 일간 + 금(金) 재성 과다

계수(癸水) 일간 + 수(水) 비겁 발달 + 금(金) 인성 발달

계수(癸水) 일간 + 금(金) 인성 과다

갑목(甲木) 일간 + 토(土) 재성 발달 + 금(金) 관성 발달

정화(丁火) 일간 + 금(金) 재성 과다

정화(丁火) 일간 + 토(土) 식상 발달 + 금(金) 재성 발달

임수(壬水) 일간 + 금(金) 인성 과다

성명학

양겁재 + 양정인

음겁재 + 음정인

음겁재 + 양식신

사주명리학

2) 장기적인 비전과 심도 있는 분석적 접근

무토(戊土) 일간 + 화(火) 인성 발달 + 금(金) 식상 발달

무토(戊土) 일간 + 토(土) 비겁 발달 + 금(金) 식상 발달 + 수(水) 재성 발달

신금(辛金) 일간 + 금(金) 비겁 과다 + 수(水) 식상 발달

을목(乙木) 일간 + 토(土) 재성 발달 + 금(金) 관성 발달

신금(辛金) 일간 + 화(火) 관성 과다 + 귀문

무토(戊土) 일간 + 토(土) 비겁 발달 + 수(水) 재성 발달

성명학

양상관 + 음편인

음상관 + 음정인

───────── **유형 분석**

───────── ENTJ와 에니어그램 3번 유형(성취가)는 목
표 달성을 위한 강한 의지와 성취 지향적인 면에서 유사하
다. 높은 목표를 설정하고 이를 달성하기 위해 노력하며, 이
를 위한 효율적인 시스템을 추구한다. 자신감을 가지고 리
더십을 발휘하며 조직을 이끌어가는 유형이다.

사주명리학에서는 ENTJ와 유사한 성향을 두 가지 측면
으로 바라볼 수 있다. 경금(庚金), 병화(丙火), 계수(癸水), 갑
목(甲木), 정화(丁火), 임수(壬水) 일간을 기본으로 하며 금
(金)이나 재성(財性)이 발달한 유형은 체계적인 방식으로 목
표 달성과 성취를 중시하는 성향을 보인다. 성명학에서는
양겁재와 양정인, 음겁재와 음정인, 음겁재와 양식신의 조
합일 때 강한 리더십과 효율적인 목표 달성을 추구한다는
점에서 이와 유사한 성향을 나타낸다.

무토(戊土), 신금(辛金), 을목(乙木) 일간을 기본으로 하

며 토(土) 비겁 발달, 금(金) 식상 발달, 수(水) 재성 발달 등의 특징을 보이는 유형은 목표 지향적인 면모에 내면적인 성찰과 분석적인 통찰력이 더해졌다는 관점에서 ENTJ와 유사하다. 성명학에서는 양상관과 음편인 조합이 창의적이면서도 논리적인 문제 해결 능력을 나타내며, 음상관과 음정인의 조합 역시 안정적이고 현실적인 실행력을 보인다는 점이 이와 유사하다.

──────── **성격 특성**

──────── 리더십이 강한 이 유형은 늘 자신감에 차 있고 카리스마 넘치며 결단력과 실행력이 뛰어나다. 리더로서 인정받기를 원하고, 큰 임무가 주어져도 부담을 느끼기보다 오히려 즐기면서 리더로서의 임무를 충실히 수행해낸다. 에너지가 넘치고 주위 사람들에게도 그 힘을 전파하여 이끌어가는 능력이 있다. 앞날에 대한 장단기 목표를 가지고 있고 의지가 강해서 하고자 하는 일은 꼭 해내는데, 혹 목표 달성에 방해가 된다면 규범이나 절차가 있더라도 과감하게 외면할 때가 있다.

협상에 능하고 논쟁을 즐기며 지적으로 우수한 사람을

존경한다. 외향적이지만 인간관계보다는 목적이 우선하는 경향이 있다. 자신의 기준에 맞지 않는 사람의 단점을 거침없이 지적하거나 타인의 행동을 교정하려 들기도 한다. 그래서 차가운 사람이라는 인상을 주기도 쉽다. 하지만 기본적으로 목표를 향해 확고히 나아가는 성향은 주변에 긍정적이고 강한 에너지를 전달해준다.

──────── **부모 자녀 특성**

──────── 이 유형의 부모는 강한 책임감을 바탕으로 부모로서의 역할을 충실히 해내려 노력한다. 자녀가 지적이고 논리적이며 합리적인 어른으로 성장하기를 기대하며, 자녀에게 어려움이 생기면 적극적으로 해결책을 제시하며 대처할 준비가 되어 있다. 자녀의 성공에 있어서 자신의 역할이 크다고 생각하기에 자녀의 성공을 위해 최선을 다한다. 다만 자유를 주기보다는 통솔하고 제어하려는 성향이 있고, 자녀가 자신의 권위를 인정하고 존중하기를 바란다. 자녀가 자신의 결정을 따르지 않을 때는 강압적인 태도를 보이기도 한다. 하지만 자녀의 재능을 잘 알아보고 키워주려고 노력하며, 자녀의 지적 호기심을 충분히 채워줄 수 있는 환경

을 제공한다.

자녀의 경우에는 부모에게 의지하지 않고 주도적으로 문제를 해결하려 하는 독립적인 성향이 강하다. 또래 친구들 사이에서도 리더가 되려고 하며, 자신의 목표를 설정하고 이를 이루기 위해 노력하는 편이다. 합리적이고 체계적인 계획을 세워 지키는 것을 좋아하고, 도전 정신이 강해 모험을 두려워하지 않는다. 호기심이 많아 세상에서 일어나는 일들을 납득하고 싶어 하며, 다방면에서 재능을 발휘하고 좀처럼 포기하지 않는 강한 의지를 가지고 있다.

그러나 한편으로 자신의 감정을 세심하게 표현하는 데에는 어려움을 겪을 수 있고, 급작스러운 변화를 받아들이기 어려워하는 면도 있다. 부모가 강압적으로 훈육할 경우에는 반발하여 어긋나기 쉽고 오히려 부모에게 고압적인 태도를 보이기도 한다. 부모와 친구, 때로는 선생님에게도 논리적으로 비판하려는 경향이 강하고, 비논리적이라고 생각되면 부모의 지시도 따르지 않는다. 경쟁심이 강하여 지는 것을 싫어하고 부당하다고 느끼는 상황에서는 반드시 짚고 넘어가는 성향이다.

연애 스타일

──────── 책임감이 강해 관계를 유지하기 위해 노력하며, 깜짝 이벤트를 마련하는 등 상대방을 기쁘게 해주는 데서 보람을 얻는다. 운동, 체험, 야외 활동 등 다양한 경험을 함께하려고 하며 연애 초반부터 적극적으로 관계를 주도하고 적극적인 애정 표현을 한다. 연애가 오래 지속될 수 있는 방법을 찾고 계획을 세우는 성향이라 일이 바빠도 상대방을 위해 시간을 내려고 노력하며 함께하는 미래를 그린다.

자신을 발전시킬 수 있는 상대를 선호하고, 꿈과 야망이 있는 상대를 존경한다. 하지만 정서적인 관계에 다소 서툴러 상대에게 차갑다는 평을 들을 수 있고, 때로는 상황을 고려하지 않고 직설적인 비판을 해서 갈등을 유발하기도 한다. 상대방에게 높은 목표 의식을 기대하는데 그렇지 못할 경우 실망하며, 인내심 있게 기다려주는 일에는 취약하다. 목표 지향적이며 자존감이 높고 지적 자극을 줄 수 있는 연애 상대를 만났을 때 긍정적인 영향을 주고받고 함께 성장해가는 관계가 될 수 있다.

직업 적성

────────── 자신만의 꿈과 목표가 있어 그것을 이루기 위해 적극 노력한다. 계획을 수립하고 계획대로 처리하는 일에 능숙하며, 조직이 가져야 하는 장단기 비전을 제시하기도 한다. 해결해야 하는 문제가 복잡하거나 어려움이 닥칠수록 오히려 의욕이 높아지고 에너지가 넘치는 타입이라 구성원을 격려하고 이끌어갈 수 있다. 구성원의 장점을 파악하여 각자에게 맞는 임무를 나눠주고, 다 함께 같은 목표를 향해 노력할 수 있도록 지휘하는 역할을 잘 수행한다. 그러나 자신이 통솔하는 이가 실수를 반복하거나 비능률적인 업무 태도를 보이면 용납하지 않는 경향이 있고, 목표 달성에 집중하느라 구성원들의 감정과 요구를 간과하기도 한다.

체계적이고 합리적인 시스템이 갖추어진 환경을 선호하지만, 도전 정신이 강해 매번 같은 일을 반복해야 하는 기계적인 일에는 적합하지 않다. 교수, 관리자, 변호사, 판사, 프로젝트 리더, 건축가, 회계사, 재무사, 경제학자, 의학자, 의사, 교사, 감독, 프로그래머, 교도관, 형사, 강사, 코치 등의 직업이 적성에 잘 맞는다.

———————— 자신의 계획과 목표를 추진하는 과정에서 타인의 의견도 수용하는 태도를 가질 필요가 있다. 일을 계획하고 시작할 때에는 주변 사람들과 충분히 의사소통하고 상황과 환경을 고려하는 배려심도 필요하다. 또 즉각적이고 신속한 결정을 선호하는 나머지 성급한 판단을 내릴 때가 있기 때문에, 서두르기보다는 주변 사람들과의 관계를 두루 살펴보고 협력적인 관계를 형성하며 진행하는 것이 도움이 될 수 있다.

논리적인
사색가 INTP

"질문하는 일을 멈추지 않는 것이 중요하다. 호기심은 그 자체만으로 존재 이유가 있다."

– 알베르트 아인슈타인 –

사주명리학(•포털, 앱 스토어에서 '만세력' 검색 후, 각자의 사주 오행을 확인해보세요)

신금(辛金) 일간 + 수(水) 발달 + 토(土) 발달

을목(乙木) 일간 + 수(水) 발달 + 토(土) 발달

을목(乙木) 일간 + 화(火) 인성발달 + 화(火) 식상

계수(癸水) 일간 + 수(水) 발달 + 화(火) 발달

임수(壬水) 일간 + 수(水) 발달 + 토(土) 발달

임수(壬水) 일간 + 수(水) 발달 + 사(巳) 월 + 화(火) 발달

계수(癸水) 일간 + 수(水) 발달 + 토(土) 발달

갑목(甲木) 일간 + 수(水) 발달

갑목(甲木) 일간 + 수(水) 발달 + 화(火) 발달 + 토(土) 발달

정화(丁火) 일간 + 수(水) 발달 + 토(土) 발달 + 목(木) 발달

정화(丁火) 일간 + 수(水) 발달 + 사(巳) 월 + 화(火) 발달

정화(丁火) 일간 + 사(巳) 월 + 화(火) 발달

정화(丁火) 일간 + 사(巳) 월 + 화(火) 발달 + 귀문

신금(辛金) 일간 + 사(巳) 월 + 토(土) 발달

계수(癸水) 일간 + 水 발달 + 土 발달

갑목(甲木) 일간 + 水 발달

─────── **유형 분석**

─────── 사주명리학에서 주로 수(水)와 토(土)가 발

달한 유형은 지적인 탐구심, 분석적인 사고, 독립적인 기질을 나타내어 INTP와 유사한 성향을 보인다. 수(水)는 지혜와 직관을 상징하며, 깊이 있는 지식 탐구와 분석력을 강조한다. 예를 들어 임수(壬水)나 계수(癸水) 일간이 수(水)와 토(土) 발달을 함께 가지고 있는 경우 감정보다는 논리와 깊이 있는 탐구를 중요시하는 INTP의 특징을 유사하게 드러내게 된다. 토(土)는 안정성과 현실성을 나타낸다. 대표적으로 을목(乙木) 일간에 수(水)와 토(土)가 발달한 사주는 분석적이고 체계적인 사고를 중요시하는 논리적 성향을 보인다. 또한 INTP는 창의적이고 독창적인 아이디어가 돋보이는데 이는 정화(丁火)와 갑목(甲木) 일간에서 볼 수 있는 특성이기도 하다.

성격 특성

──────── 생각이 깊고 사색하는 것을 좋아하여 타인과의 교류에 힘쓰기보다 혼자만의 생각에 빠지는 유형이다. 때로는 상대방을 앞에 두고도 자기만의 생각에 빠져들기도 한다. 지적 호기심이 많아 관심이 가는 분야가 생기면 적극적으로 연구하며, 탐구하고 파고들 수 있는 새로운 분야를

탐색하는 편이다.

논리적이고 합리적이며 솔직한 태도를 중요하게 생각하여 때로는 차갑고 냉정한 사람으로 오해받기도 한다. 상대방에게도 솔직함을 요구하는 편이고, 대화 중에도 상대의 거짓말이나 꼼수는 눈치 빠르게 파악한다. 자신의 생각이 잘못되었다는 것을 인정하지 못하는 면이 있지만 예리하고 세심하여 남들이 발견하지 못하는 것을 발견하는 관찰력이 뛰어나다. 또한 남들을 조리 있게 설득하는 일에도 재능이 있다.

─────────── **부모 자녀 특성**

─────────── 이 유형의 부모는 육아에서도 자기만의 시간을 확보하는 것을 중요하게 여긴다. 자녀를 강압적으로 통제하기보다는 자유를 주어 성장 과정을 여유로운 태도로 지켜본다. 자녀가 독립적이고 자유로운 삶을 살아가길 기대하며, 자기만의 가치관과 원칙을 확립하기를 바라는 경향이 있다. 육아에 있어서 타인의 조언이나 가르침에 크게 의존하지 않고, 세속적인 잣대로 자녀를 섣불리 판단하거나 강요하지 않는 편이다. 다만 자녀에 대한 애정에 비해 정서적

2부 관계를 다스리다

공감이 부족할 수 있으며, 적극적인 애정 표현이 부족한 경향을 보인다.

자녀의 경우에는 독립적이며 또래 친구들과 어울리기보다 혼자 생각하는 시간을 선호한다. 다수의 친구보다는 신뢰할 수 있는 소수의 친구를 두는 편이다. 호기심이 많아 독서를 많이 하고, 좋아하는 분야에 대해서는 스스로 파고들어 공부한다. 궁금한 것이 많아 끝없이 질문을 떠올리며 어떤 분야에 대해 토론하는 것도 좋아한다. 시간에 쫓기거나 재촉받는 것을 싫어하니 잔소리보다는 차분한 대화와 여유 있는 마음으로 지켜봐주는 것이 좋다. 잘못을 했을 때 논리적으로 설명하면 납득하는 편이지만, 명확한 이유가 없는 지침이나 규칙에는 반발하는 경향이 있다. 고집이 세고 자신만의 신념이 뚜렷하며, 지능이 높고 기억력이 뛰어나 학습에서도 두각을 나타내는 경우가 많다.

──────── **연애 스타일**

──────── 가볍고 즉흥적으로 만나기보다는 처음부터 진지하게 만날 수 있는 관계를 원한다. 밀당에 익숙하지 않고 솔직하며, 자신에게 독립적인 시간이 필요하듯 연인도

독립적인 시간을 갖기를 바란다. 한편으로 연인에게 문제가 생겼을 경우에는 기꺼이 도와주려 노력한다. 다만 연애 중에 일어나는 갈등조차 논리적으로 해결하려 노력하다 보니 논리적인 결론에 집착하느라 상대방의 감정을 신경쓰지 못하고 서운하게 만드는 일도 있다.

어떤 주제에 대해 깊고 진지한 대화를 나누길 좋아하기 때문에 자신의 생각에 대한 적절한 지적과 토론 의지를 보이는 연인을 원한다. 지적 능력이 높은 상대에게 존경심을 갖는다. 자신과 함께 성장할 수 있는 상대를 원하며, 연인의 성장과 발전을 응원할 준비가 되어 있다.

──────── **직업 적성**

──────── 이성적이고 이론적이며 호기심이 많아 탐구하고 연구하려는 의지가 강하다. 인간관계보다는 자신의 생각을 발전시키고 구체화하는 업무에 적합하다. 사내 정치, 아부, 승진, 동료들과의 교류보다는 맡은 일에 대한 탐구에 집중하며, 자신이 중요하다고 생각하는 일에 더욱 매진하는 성향을 보인다.

주로 새로운 아이디어가 필요한 일을 선호한다. 해결해

야 할 문제가 복잡할수록 능력을 발휘하며, 뛰어난 통찰력으로 조직과 업무에 대한 적절한 아이디어를 제시하는 능력이 있다. 논리적이고 분석적인 사고가 필요한 업무에서 두각을 나타내어 교수, 강사, 인문학 및 자연 과학 분야, 경제학자, 컨설턴트 등에 잘 어울린다.

본인이 스스로 컨트롤할 수 있는 업무 환경을 선호하며 과도한 통제나 엄격한 위계질서에 적응하기는 어려워하는 면이 있다. 지위가 높은 직원보다 능력이 뛰어난 직원과의 교류를 선호하는데, 한편으로는 타인의 노력을 인정하는 태도가 미흡해 보일 수 있다. 독립적으로 일할 수 있는 연구직, 학자, 프리랜서 등 자기만의 시간이 확보되는 직업에서 업무 효율이 높다.

———————— **보완할 점**

———————— 세상에 다양한 사고방식과 지식이 있다는 사실을 인지하고, 지나치게 비판적인 분석을 줄이며 사람에 대한 배려와 관심을 확대할 필요가 있다. 또 생각이 너무 많거나 과도한 정보 수집으로 인해 언어 표현이 지나치게 이론적이고 추상적으로 들릴 수 있다. 이를 단순화하여

타인이 이해할 수 있도록 쉽게 설명하려고 노력하는 것이
좋다.

엉뚱한
발명가 ENTP

> "군주에게 도덕률은 결국 사람을 다루기 위한 수단
> 에 불과하다."
>
> – 〈군주론〉 –

사주명리학(•포털, 앱 스토어에서 '만세력' 검색 후, 각자의 사주 오행을 확인해보세요.)

경금(庚金) 일간 + 수(水) 식상 발달 + 목(木) 재성 발달

경금(庚金) 일간 + 금(金) 비겁 발달 + 수(水) 식상 발달

경금(庚金) 일간 + 수(水) 식상 발달 + 화(火) 관성 발달

임수(壬水) 일간 + 금(金) 인성 과다

을목(乙木) 일간 + 수(水) 인성 발달 + 금(金) 관성 발달

신금(辛金) 일간 + 금(金) 비겁 발달 + 수(水) 식상 발달

갑목(甲木) 일간 + 금(金) 관성 발달 + 수(水) 인성 발달

2부 관계를 다스리다

계수(癸水) 일간 + 수(水) 비겁 발달 + 금(金) 인성 발달 + 토(土) 관성 발달

계수(癸水) 일간 + 수(水) 비겁 발달 + 토(土) 관성 과다

임수(壬水) 일간 + 금(金) 인성 발달 + 화(火) 재성 과다

임수(壬水) 일간 + 수(水) 비겁 발달 + 토(土) 관성 과다

정화(丁火) 일간 + 금(金) 재성 발달 + 수(水) 관성 과다

병화(丙火) 일간 + 금(金) 재성 발달 + 수(水) 관성 과다

계수(癸水) 일간 + 수(水) 비겁 발달 + 금(金) 인성 발달

무토(戊土) 일간 + 화(火) 인성 발달 + 목(木) 관성 발달

경금(庚金) 일간 + 금(金) 비겁 과다 + 수(水) 식상 발달

경금(庚金) 일간 + 수(水) 식상 과다 + 화(火) 관성 발달

경금(庚金) 일간 + 금(金) 비겁 발달 + 수(水) 식상 과다

기토(己土) 일간 + 금(金) 식상 과다 + 목(木) 관성 발달

무토(戊土) 일간 + 수(水) 재성 발달 + 목(木) 관성 발달

경금(庚金) 일간 + 금(金) 비겁 과다 + 목(木) 재성 발달

병화(丙火) 일간 + 금(金) 재성 과다

병화(丙火) 일간 + 화(火) 비겁 과다 + 금(金) 재성 발달

병화(丙火) 일간 + 수(水) 관성 과다

병화(丙火) 일간 + 수(水) 관성 발달 + 목(木) 인성 발달

정화(丁火) 일간 + 금(金) 재성 과다

정화(丁火) 일간 + 화(火) 비겁 과다 + 금(金) 재성 발달

정화(丁火) 일간 + 수(水) 관성 과다 + 목(木) 인성 발달

임수(壬水) 일간 + 목(木) 식상 발달 + 토(土) 관성 발달

기토(己土) 일간 + 토(土) 비겁 발달 + 수(水) 재성 + 괴백양

경금(庚金) 일간 + 水 식상 발달 + 木 재성 발달

경금(庚金) 일간 + 金 비겁 발달 + 水 식상 발달

성명학

편관

───────── **유형 분석**

───────── ENTP는 사주명리학에서 주로 경금(庚金)과
수(水)가 발달한 유형과 유사한 특징을 보인다. 경금(庚金)
일간이 수(水)와 목(木)의 재성과 식상 발달을 보이는 경우,
지적 자극을 즐기고 자유로운 사고를 통해 독창적인 아이
디어를 만들어내려는 성향이 강하게 나타난다. 또 임수(壬
水)나 계수(癸水) 일간이 금(金)과 토(土)의 발달을 동반하면

지식에 대한 깊은 이해와 논리적 사고가 두드러지며, 다방면에 대한 호기심으로 주변 상황을 빠르게 파악하는 모습을 볼 수 있다. ENTP의 개방적이면서도 융통성 있는 성향을 공유하는 사주 유형이다.

성명학에서 편관은 위험을 감수하면서도 도전하는 성향과 강한 결단력을 나타낸다. 또한 을목(乙木)은 지속적인 성장과 변화를 상징하며, 금(金)은 이를 구체화하고 현실화하는 에너지를 더해준다. 이는 기존의 틀에 얽매이지 않고 대담하고도 새로운 시도를 통해 성장하고자 하는 ENTP의 성향과 유사성을 보인다.

──────── **성격 특성**

──────── 새롭고 창의적인 아이디어를 쏟아내며, 현재에 만족하기보다 더 나은 미래를 위해 끊임없이 상상하고 탐구하는 성향이다. 세상에 대한 끝없는 호기심과 뛰어난 통찰력으로 다른 사람들이 발견하지 못한 것들을 발견해낸다. 자유로운 사고로 자신과 세상을 바라보며 새로운 시도와 취미를 즐긴다. 통제나 억압에는 적응하지 못하고 반발하며, 명확한 이유가 없는 복종과 순응은 용납하지 못한다.

한 곳에 얽매이지 않고 가보지 않은 곳을 경험하고 싶어 하는 자유로운 성향도 강한 편이다.

자신감이 넘치고 과감한 모험을 서슴지 않으며, 경쟁을 즐기고 좋은 성과를 얻기 위해 노력한다. 토론과 논쟁을 좋아해 기회가 있을 때마다 적극 참여하고 비판과 지적에도 비교적 열려 있어 곧잘 수용한다. 하지만 때로는 너무 직설적인 표현으로 사람들에게 상처를 줄 수도 있다. 도전과 변화를 좋아하지만 지속성이 부족하여 장기적인 계획보다는 단기적인 목표에 강한 유형이다.

─────── 부모 자녀 특성

─────── 이 유형의 부모는 자녀가 자유롭게 성장할 수 있는 환경을 조성하고, 자녀와 동등한 입장에서 토론하는 것도 즐긴다. 다양한 지식과 취미 생활을 공유하는 개방적인 양육 방식을 가지고 있다. 자녀의 관심사를 지지하면서도 독립적인 사고와 창의성을 발휘할 수 있도록 격려한다.

자녀의 경우 세상에 대한 흥미와 호기심이 많아서 어른들에게 질문도 많이 하고, 관심 있는 분야를 파고들어 새로운 지식을 알아가는 것을 좋아한다. 다만 이유 없는 규칙을 따르는 것을 거부하는 성향으로 강하게 통제하려고 하면 강하게 반발하는 경향이 있다. 자신만의 방식으로 사고하는 것을 좋아하기 때문에 부모가 독립성과 자율성을 존중해주는 방식으로 대하는 것이 성장에 좋은 영향을 준다.

─────── 연애 스타일

─────── 연애할 때도 자신의 가치관을 중요하게 여기기 때문에 이를 침범받는다고 느끼면 반발하게 된다. 연인이 원하는 것이 있을 때 강요하기보다는 논리적으로 설득하면 곧잘 납득하고 협조해준다. 늘 같은 루틴의 안정적인 데이트보다 새롭고 다양한 활동을 함께하고 싶어 한다. 마음에 드는 상대를 발견하면 직설적으로 다가가 진전이 빠르지만 그런 상대를 찾는 걸 어려워한다.

─────── 직업 적성

─────── 자율적이고 자유로운 업무 환경을 선호하며, 관료적인 분위기보다는 좀 더 유연한 환경에서 역량을 발휘한다. 자신의 가치관에 부합하지 않는 업무에는 흥미를 느끼지 못하며 세세한 절차와 규칙을 지키는 것도 어려

위하지만 관심 있는 분야에서는 어려운 일일수록 도전 정신을 발휘하여 성과를 얻어낸다. 경쟁에 대해서도 부담감을 느끼기보다 오히려 에너지를 얻는 성향이다. 일에 대해 주도권을 잡고 싶어 하는 만큼 맡은 업무에 대해서는 강한 자신감을 바탕으로 열정적이고 주도적으로 일한다.

다만 높은 목표를 중요하게 여기는 한편 현실적인 부분은 간과할 때가 있다. 때로는 다른 사람들의 노력을 충분히 인정하지 않아 갈등이 생기기도 한다. 강한 지시와 통제에는 오히려 반발심이 생기므로 자유롭게 자신의 방식대로 일할 수 있는 환경에서 보다 뛰어난 성과를 보인다. 한계에 부딪쳐도 좌절하지 않고 극복하고자 하며, 새롭고 유용한 아이디어를 떠올려 위기를 넘긴다. 도전을 즐기고 자신의 기준에 맞는 일에 대해 최선을 다하는 유형으로 신문 기자, 방송 기자, 변호사, 정치인, 교수, 학자, 영업직, 기업인, 강사, 개발자, 엔지니어 등의 직업과 잘 어울린다.

──────── **보완할 점**

──────── 때로는 너무 무모한 도전을 하고 있지는 않은지 점검해보는 것이 좋다. 미래에 대한 목표만큼 현실적

2부 관계를 다스리다

인 면도 중요하다는 사실을 상기할 필요가 있다. 자신의 노력만큼 다른 이들의 노력도 존중받아야 한다는 점을 기억하고, 때로는 일에서 지켜야 할 절차와 규칙이 있다는 점을 상기하는 것이 업무의 안정성을 높이는 데 도움이 된다.

04

꿈과 사람을 연결하는 이상주의자들
- INFJ, ENFJ, INFP, ENFP

상상을 펼치는

공상가 INFJ

"당신이 세상에서 보고 싶은 변화가 되어라."

- 마하트마 간디 -

사주명리학(•포털, 앱 스토어에서 '만세력' 검색 후, 각자의 사주 오행을 확인해보세요.)

계수(癸水) 일간 + 수(水) 비겁 발달 + 화(火) 재성 발달

계수(癸水) 일간 + 수(水) 비겁 발달 + 토(土) 관성 발달

계수(癸水) 일간 + 수(水) 비겁 과다 + 화(火) 재성 발달

계수(癸水) 일간 + 금(金) 인성 발달 + 토(土) 관성 발달

임수(壬水) 일간 + 수(水) 비겁 발달 + 화(火) 재성 발달

임수(壬水) 일간 + 수(水) 비겁 과다 + 화(火) 재성 발달

기토(己土) 일간 + 수(水) 재성 과다

기토(己土) 일간 + 토(土) 비겁 발달 + 수(水) 재성 발달

기토(己土) 일간 + 토(土) 비겁 발달 + 금(金) 식상 발달

기토(己土) 일간 + 수(水) 재성 과다 + 무인성

계수(癸水) 일간 + 수(水) 비겁 발달 + 화(火) 재성 + 무인성

갑목(甲木) 일간 + 수(水) 인성 과다 + 토(土) 재성 발달 + 귀문

을목(乙木) 일간 + 토(土) 재성 발달 + 수(水) 인성 발달

갑목(甲木) 일간 + 수(水) 인성 과다

신금(辛金) 일간 + 수(水) 식상 과다

신금(辛金) 일간 + 수(水) 식상 발달

을목(乙木) 일간 + 토(土) 재성 발달 + 목(木) 비겁 발달

을목(乙木) 일간 + 수(水) 인성 과다

을목(乙木) 일간 + 목(木) 비겁 발달 + 수(水) 인성 발달 + 화(火) 식상 발달

신금(辛金) 일간 + 토(土) 인성 발달

신금(辛金) 일간 + 토(土) 인성 과다

경금(庚金) 일간 + 토(土) 인성 과다

경금(庚金) 일간 + 토(土) 인성 태과다

계수(癸水) 일간 + 수(水) 비겁 발달 + 금(金) 인성 발달

계수(癸水) 일간 + 수(水) 비겁 발달 + 금(金) 인성 발달 + 귀문관살

성명학

음식신 + 음비견

음비견 + 음식신

양식신

────────── **유형 분석**

────────── INFJ와 유사한 사주는 주로 계수(癸水), 임수(壬水), 기토(己土)와 같은 일간에서 수(水)와 토(土)의 발달을 통해 나타나는 특성을 지닌다. 계수(癸水)나 임수(壬水) 일간이 수(水)와 화(火), 토(土) 재성을 발달시키는 경우 풍부한 감성과 공감 능력이 두드러지고, 기토(己土) 일간이 수(水)와 토(土) 발달을 동반할 때는 INFJ의 내향성과 자신만의 가치관을 지닌 성찰적인 성향을 드러낸다. 또한 신금(辛金) 일간이나 을목(乙木) 일간이 수(水)와 토(土) 발달을

동반하면 세심하고 사려 깊은 관점을 통해 타인을 이해하고 내면의 원칙을 중시하는 성향이 강하게 나타난다. INFJ의 풍부한 감수성과 통찰력, 강한 공감 능력을 유사하게 보여주는 사주 유형이라고 볼 수 있다.

성명학에서 음식신은 창조적이며 예술적인 감각을 통해 타인에게 즐거움을 주며, 음비견은 조화로운 관계 형성과 부드러운 리더십을 보여준다. 양식신도 음식신과 마찬가지로 창조적인 성향을 가지지만 좀 더 목표 지향적인 추진력과 결단력이 있다. 이러한 창조적 표현 능력과 인간관계 속의 공감 능력 역시 INFJ의 특성을 유사하게 드러낸다.

─────── **성격 특성**

─────── 이 유형은 주변의 동료나 가까운 사람들을 돕고자 하는 강한 욕구를 지니고 있으며, 타인의 고통과 감정에 깊이 공감한다. 타인의 정서와 의도를 이해하고 파악하는 능력이 탁월하고 직감력이 발달하여 선과 악을 정확하게 감지해내기도 한다. 이러한 직관은 자신의 가치관을 기준으로 사고하고 결정하는 데에도 중요한 역할을 한다.

매사에 진지하고 학구적인 자세를 가지고 있으며, 새로

운 아이디어와 창의력이 끊이지 않는다. 이를 겉으로 드러내며 허세를 부리기보다는 깊이 있는 창조 활동을 통해 성취감과 순수한 기쁨을 느낀다. 또한 복잡한 문제나 인간관계를 다루는 데 능숙하여 깊이 있는 대화를 통한 의미 있는 관계를 쌓아나간다. 내성적이고 조용하면서도 예의범절에 민감해 중후하고 인품이 좋다는 평을 자주 듣는 유형이다.

──────── **부모 자녀 특성**

──────── 이 유형의 부모는 자녀의 의견을 존중하며 자유롭게 의사표현할 수 있는 환경을 조성해준다. 자녀와 부담 없이 다양한 주제에 대해 대화하는 것을 좋아하며, 그 과정에서 자녀의 특성을 잘 파악하고 이해하려는 노력을 기울인다. 더 많은 지식을 자녀에게 전해주려고 하는 한편 예의범절도 중요하게 교육시킨다.

자녀의 경우에는 부모가 전해주는 지식을 잘 이해하고 수용한다. 호기심이 많아 다양한 분야에 대한 지식을 쌓고자 하며, 활동적이기보다는 여러 분야에 대해 사색하는 것을 좋아한다. 다른 사람들 앞에 나서는 것을 좋아하지 않고 혼자 조용히 있는 것을 선호하지만 도움이 필요한 친구들에게는 기꺼이 도움을 주려고 나서며 그 일에 보람을 느낀다. 다만 남을 도우려는 마음이 큰 나머지 타인의 문제에 휘말리는 경우가 있으니 주의하는 것이 좋다.

─────────── 연애 스타일

─────────── 타인의 감정에 깊이 공감하는 성향이 강하기 때문에 연애를 할 때도 상대방의 반응에 신경을 많이 쓰고 민감하게 반응한다. 그러다 보니 자기주장을 잘 하지 못하고 상대방의 반응에 쉽게 상처를 받아 혼자서 속앓이를 하기도 한다. 연애를 시작하기 전에는 상대를 신중하게 선택하며, 단순한 만남보다 서로에게 깊고 진중한 관계를 원한다. 초기에는 쉽게 감정을 드러내지 않는 조심스러운 모습을 보이지만 연인과의 관계가 깊어질수록 진심으로 애정을 표현하고 감정을 교류해나간다. 서로 함께하는 미래에 대한 비전을 상상하며, 상대를 기쁘게 해주기 위해 헌신적으로 노력하는 연인이 되어주는 유형이다.

─────────── 직업 적성

─────────── 사람에 대한 통찰력이 있고 남을 돕는 데서

기쁨을 얻는 타입이다. 확고한 이상을 지니고 있어 그 이상을 실현할 수 있는 일에 관심이 많으며, 떠들썩한 분위기보다는 독립적이고 조용하게 일할 수 있는 업무 환경을 선호한다.

함께 일하는 다른 구성원들을 도우며 보람을 느끼고, 새로운 아이디어를 적용할 수 있는 업무에서도 강점을 발휘한다. 다만 대립을 피하는 성향이 있어 갈등 상황에서는 쉽게 양보하거나 포기하는 경우도 많고, 자기주장을 강하게 내세우지 않아 손해를 볼 때도 있다.

주로 뛰어난 집중력을 요하는 업무에서 역량을 발휘하며 조용하면서도 확실하게 일을 마무리하는 능력이 있다. 상담가, 심리 치료사, 정신과 의사, 컨설턴트, 브랜드 네이미스트, 광고 기획가, 예술가, 문학가, 연구 개발자, 인사 컨설턴트, 목회자, 헤드헌트, 발명가, 정치가, 사회 복지사, 연구원, 교육자 등의 직업이 잘 어울린다.

─────── **보완할 점**

─────── 이상을 추구하는 성향이 강해 때로는 구체적이고 사실적인 현실 감각을 기를 필요도 있다. 사건이나 갈등 상황이 발생했을 때는 내면에만 담아두지 말고 조직

2부 관계를 다스리다

원이나 주변 사람들과 소통하고 공유하여 해결해나가는 연습을 하는 것이 좋다. 단순하고 반복적인 일에도 꾸준히 집중하고 적응하려는 노력이 필요하며, 미래에 대한 희망과 비전을 구체적으로 실현하기 위해서는 현실적으로 타당한 계획을 세우고 분석하는 습관이 도움이 될 것이다.

정의로운
사회 운동가 ENFJ

> "모두가 침묵하는 세상에서 한 사람의 목소리도 강력한 힘을 발휘한다."
>
> – 말랄라 유사프자이 –

사주명리학(•포털, 앱 스토어에서 '만세력' 검색 후, 각자의 사주 오행을 확인해보세요.)

병화(丙火) 일간 화(火) 비다가 합이 되어 수(水) 관다로 간 경우

기토(己土) 일간 + 화(火) 인성 과다

기토(己土) 일간 + 화(火) 인성 발달 + 토(土) 비겁 발달 + 귀문관살

기토(己土) 일간 + 토(土) 비겁 발달 + 화(火) 인성 발달 + 음팔통

기토(己土) 일간 + 수(水) 재성 발달

무토(戊土) 일간 + 수(水) 재성 태과다

무토(戊土) 일간 + 수(水) 재성 과다

계수(癸水) 일간 + 수(水) 비겁 발달 + 토(土) 관성 발달

임수(壬水) 일간 + 수(水) 비겁 발달 + 토(土) 관성 발달

임수(壬水) 일간 + 수(水) 비겁 태과다 + 양팔통

임수(壬水) 일간 + 수(水) 비겁 과다 + 양팔통

갑목(甲木) 일간 + 수(水) 인성 태과다

갑목(甲木) 일간 + 수(水) 인성 과다

신금(辛金) 일간 + 수(水) 식상 발달 + 화(火) 관성 발달

신금(辛金) 일간 + 수(水) 식상 발달 + 토(土) 인성 발달

신금(辛金) 일간 + 금(金) 비겁 발달 + 토(土) 인성 발달 + 목(木) 재성 발달

신금(辛金) 일간 + 금(金) 비겁 발달 + 목(木) 재성 발달 + 음팔통

신금(辛金) 일간 + 금(金) 비겁 발달 + 목(木) 재성 발달 + 귀문관살

임수(壬水) 일간 + 수(水) 비겁 발달 + 화(火) 재성 발달 + 토(土) 관성 발달 + 귀문관살

계수(癸水) 일간 + 수(水) 비겁 발달 + 목(木) 식상 발달

임수(壬水) 일간 + 수(水) 비겁 발달 + 목(木) 식상 발달

을목(乙木) 일간 + 수(水) 발달 + 토(土) 발달

정화(丁火) 일간 + 목(木) 발달 + 금(金) 발달

정화(丁火) 일간 + 목(木) 발달 + 수(水) 발달

을목(乙木) 일간 + 화(火) 발달 + 토(土) 발달 + 음팔통

을목(乙木) 일간 + 화(火) 발달 + 토(土) 발달 + 귀문관살

정화(丁火) 일간 + 수(水) 발달 + 토(土) 발달 + 금(金) 발달

계수(癸水) 일간 + 금(金) 발달 + 귀문관살

계수(癸水) 일간 + 금(金) 발달 + 음팔통

기토(己土) 일간 + 수(水) 재성 발달 + 무인성

경금(庚金) 일간 + 수(水) 식상 발달 + 화(火) 관성 발달

신금(辛金) 일간 + 토(土) 인성 발달 + 목(木) 재성 발달

정화(丁火) 일간 + 목(木) 인성 발달 + 수(水) 관성 발달

기토(己土) 일간 + 火 인성 과다

갑목(甲木) 일간 + 水 인성 과다

계수(癸水) 일간 + 金 발달 + 음팔통

기토(己土) 일간 + 水 재성 발달

성명학

정관 + 편관

───────── **유형 분석**

───────── ENFJ는 사주명리학에서 주로 기토(己土), 무토(戊土), 계수(癸水), 임수(壬水), 신금(辛金) 등의 일간에 화(火), 수(水), 토(土)가 발달했을 때와 유사한 성향을 보인다. 기토(己土)나 무토(戊土) 일간이 화(火)와 수(水) 요소와 조화를 이루면 타인을 배려하고 돕고자 하는 성향이 나타나고, 계수(癸水)나 임수(壬水) 일간이 토(土)와 수(水)의 비겁 발달을 이루는 경우엔 타인에 대한 이해와 공감 능력이 두드러진다. 화(火)는 다른 사람에 대한 열정과 긍정적인 에너지, 수(水)는 유연함과 감수성, 토(土)는 주변 사람들이 신뢰할 수 있는 리더십과 안정감이 있다.

이러한 조합은 인간관계에서 적극적인 태도로 능숙한 리더십을 발휘하며, 사람들 간의 조화로운 분위기를 형성하는 유형을 나타낸다.

성명학에서 정관은 전통적인 규율을 중요시하며 책임감 있는 리더십을 보여준다. 편관은 새로운 환경에서 빠르게 적응하고 과감하게 추진하는 도전 정신이 있다. 이러한 조합 역시 ENFJ의 사교적인 리더십이나 체계적인 행동력과 유사한 특성이다.

——————— 성격 특성

——————— 이 유형은 리더십과 사교성이 뛰어나 주변 사람을 배려하고 돕는 걸 좋아하며 타인과의 관계를 원만하게 유지한다. 온화하고 따뜻하며 재미있는 성격으로, 뛰어난 리더이자 누군가를 성장시키는 조언자와 참모의 기질도 강한 편이다. 사람들에게 이상적인 영향력을 발휘하기 위해 노력하며 상황에 적합한 신중하고 현실적인 조언을 해준다. 특히 어려운 상황에 있는 사람들에 대한 연민과 이해, 동정심이 강하다. 상대방의 감정을 읽는 공감 능력과 직관력이 뛰어나기 때문에 자신의 생각을 강요하기보다 상대를 고려하여 배려심 깊은 통찰력을 발휘하곤 한다. 다만 정서적으로 민감한 만큼 자신의 헌신과 노력이 인정받지 못할 때는 큰 실망을 하고 상처를 받기도 한다.

다방면에 관심이 많고 학습에 대한 열정이 있으며, 매일 스스로 뒤돌아보는 자기 반성을 발전의 발판으로 삼는다. 다만 조직이 불안정하거나 과도하게 경쟁적인 환경에는 적응하기 힘들어하고, 불안정한 상태에서는 자신과 생각이 다른 사람을 비난하는 자기 방어 기질을 보이기도 한다. 타인의 시선, 특히 상사나 조직의 안정과 안전을 책임지는 사람의 의견을 과도하게 의식하는 경향도 있다. 하지만 전반적으로 자신의 삶에 대한 두려움을 없애고 안정감을 유지하기 위해 끊임없이 연구하고 탐구하는 발전적인 모습이 드러나는 유형이다.

──────── **부모 자녀 특성**

──────── 이 유형의 부모는 자유로운 가정 분위기 속에서 자녀에게 든든한 버팀목이 되어주고 싶어 한다. 자녀들의 이야기를 잘 들어주고, 자녀가 자신의 생각과 의견을 충분히 펼칠 수 있도록 배려하는 사려 깊은 모습을 보인다. 예의범절을 중요시하여 도덕적으로 행동할 수 있도록 반복적인 교육을 시키는 경향이 있다. 자녀에게 감정적인 지지대가 되는 것은 좋지만 자녀에게 필요한 것을 모두 제공하려고 하기보다는 스스로 해결책을 찾을 수 있도록 독립성을 키워주려는 노력도 필요하다.

자녀의 경우에는 주변 사람들과 관계가 원만하고 온화하며 가족이나 친구들의 고민을 적극 경청해주는 모습을 보인다. 적극적으로 사람들을 돕고 잘 챙기기 때문에 착한 사람이라는 평가를 자주 듣고, 다양한 관계에서 신뢰를 쌓아

간다. 다만 감정적으로 지칠 수 있기 때문에 자신의 감정과 타인의 감정을 분리하여 균형을 잡을 수 있도록 도움을 주는 것이 좋다.

─────── 연애 스타일

─────── 한번 연애를 시작하면 깊게 빠져들어 연애 초반부터 함께하는 미래를 설계하고 꿈꾸는 경향이 있다. 자신이 상상하는 미래와 다른 방향으로 연애가 진행되면 고민에 빠져들며 그에 대한 대화를 나누고 싶어 한다. 대화가 무엇보다 중요하다고 생각하여 상대방과 깊은 교류를 나누며 관계를 진전시켜간다. 뛰어난 공감 능력으로 상대방의 고민을 잘 들어주고 공감해주기 때문에 대체로 돈독한 관계를 유지하는 편이다.

─────── 직업 적성

─────── 이 유형은 사람과 협업하고 상호작용하는 역량이 뛰어나기 때문에 리더십과 조직 관리 면에서 강점을 발휘한다. 다양한 사람을 하나로 모아 팀을 조직하고 구성원을 이끄는 능력이 있으며, 구성원들에게 동기 부여를

하고 조직의 성과 향상을 위해 꾸준한 노력을 기울인다. 목표 달성을 위해 계획을 세우고 사람들을 조직적으로 관리하는 일에 흥미와 자신감을 가지고 있다. 실제로 조직이나 구성원을 위한 자신의 도움과 노력이 긍정적인 결과로 나타날 때 활력을 얻고 보람을 느낀다. 세일즈 매니저, 인사 담당자, 인재 개발 담당자, PR 전문가와 같이 사람과의 교류와 협업이 중심이 되는 직업이 어울리며 외교관, 사회 복지사, 초등 교사, 사회 운동가, 정치인 등 사회적 기여와 봉사를 실현할 수 있는 직업과도 잘 맞는다.

또한 이 유형은 사람에 대한 동정심이 강하고 타인의 감정에 민감하여 사회적 문제와 봉사에도 관심을 보인다. 사람의 감정을 이해하면서 즐겁게 해주려 노력하고, 상대의 고민을 함께 공감하고 해결하려고 노력하는 타입이다. 상담가, 놀이 치료사, 음악 치료사, 사회 복지사, 간호사 등 정서적인 지지를 제공해줄 수 있는 직업군도 적성에 맞을 수 있다.

─────────── **보완할 점**

─────────── 자칫 인간관계에 집중하느라 일을 효율적으

로 진행시키지 못하는 경우가 있으니 일을 할 때는 객관적이고 계획적으로 추진할 필요가 있다. 냉철한 분석력과 현실적인 안목을 기르고, 세부적인 항목을 고려하여 꼼꼼하게 일을 처리하려고 노력하는 것이 좋다. 공사 구분은 명확히 하고, 사회생활을 지나치게 이상화하기보다 현실적인 관점을 키우는 것이 일과 인간관계 모두에 도움이 될 수 있다.

사려 깊고 따뜻한
이상주의자 INFP

> "자신을 사랑하는 법을 아는 것이 가장 위대한 사랑이다."
>
> – 마이클 매서 –

사주명리학(•포털, 앱 스토어에서 '만세력' 검색 후, 각자의 사주 오행을 확인해보세요)

갑목(甲木) 일간 + 목(木) 비겁 발달 + 수(水) 인성 발달

을목(乙木) 일간 + 목(木) 비겁 과다 + 수(水) 인성 발달

을목(乙木) 일간 + 목(木) 비겁 발달 + 수(水) 인성 발달

갑목(甲木) 일간 + 목(木) 비겁 과다 + 수(水) 인성 발달

갑목(甲木) 일간 + 수(水) 인성 발달 + 화(火) 식상 발달 + 귀문관살

을목(乙木) 일간 + 수(水) 인성 발달 + 화(火) 식상 발달 + 귀문관살

계수(癸水) 일간 + 수(水) 비겁 과다 + 화(火) 재성 발달

임수(壬水) 일간 + 수(水) 비겁 발달 + 화(火) 재성 발달

신금(辛金) 일간 + 수(水) 식상 과다(합이 되어 발달에서 과다)

갑목(甲木) 일간 + 木비겁 발달 + 水인성 발달

을목(乙木) 일간 + 水비겁 발달 + 水인성 발달

성명학

정관 + 정인 음식신 양정관

정관 + 정관 음편인 양정관

정관 + 식신 음편재 양정관

정관 + 비견

음정관 + 음편관

─────── **유형 분석**

─────── INFP는 사주명리학에서 갑목(甲木), 을목(乙木) 일간에서 나타나는 목(木)과 수(水)의 조합과 유사한 특

징을 보인다. 목(木)의 발달은 강한 신념과 자기 주관을 바탕으로 자신만의 가치관을 지키려는 성향을 나타내고, 수(水)의 발달은 감성적이고 공감 능력이 뛰어나며 성찰력이 깊은 면모를 나타낸다. 일부 화(火)가 발달한 경우에는 예술이나 창의적인 활동을 통해 자신의 감정과 생각을 표현하고자 하는 욕구를 볼 수 있다. 또한 귀문관살은 예민하고 감정적이며 깊이 있는 심리적 기질을 나타내는데, 이는 내면의 만족을 중요시하고 심리적인 예민함을 지닌 INFP의 성향과 비슷하다.

성명학에서는 규율을 중시하고 책임감 있는 정관, 내면적인 성찰이 뛰어나고 타인을 배려하는 정인, 창의적인 식신과 타인과 조화를 이루며 협력하는 비견의 조합이 INFP와 유사한 특징을 보인다. 음정관과 음편관은 조용하고 섬세한 리더십을 나타내는 조합이다.

──────── **성격 특성**

──────── 이 유형은 확고한 신념과 이상을 가지고 있으며, 더 나은 세상을 만들기 위한 아이디어가 풍성하다. 획일적인 길을 따라가기보다 각자의 장점을 살리는 방향성을

중요하게 생각하며, 명령과 지시에 맹목적으로 따르는 상황은 거부하는 경향이 강하다.

사려 깊고 공감 능력이 높으며, 다른 사람의 이야기를 편견 없이 듣고 따뜻한 언어로 배려해준다. 갈등을 싫어하여 중재자 역할을 맡기를 자처하고, 주변 사람들의 장점을 발견해 그들이 성장할 수 있도록 돕는 데에서 만족감을 느낀다. 자신은 화가 나도 감정을 잘 표출하지 않고 혼자 해결하려고 하는 편이다.

창의력과 상상력이 풍부하고 자신만의 독특한 아이디어를 지니고 있어 예술, 문학 등의 분야에 재능을 보인다. 내향적인 성향으로 혼자만의 시간을 중요하게 여기는데 간혹 현실보다 허황된 상상에 몰두하여 시간을 보내기도 한다. 이상과 삶의 진정성을 추구하는 동시에 인간적인 공감 능력이 풍부한 따뜻한 성향이다.

─────────── **부모 자녀 특성**

─────────── 이 유형의 부모는 자녀에게 도덕성을 강조하고 정직, 예절, 동정심, 배려 등의 가치를 중요하게 가르친다. 자녀에게 자율성과 자유는 최대한 보장하면서 독립성을

존중해준다. 실용적이거나 구체적인 규칙과 규율을 확립하는 부분에서는 어려움을 느끼지만, 도덕적인 부분에 대해서는 기준을 확립해주려고 한다. 이러한 기준을 따라 부모 역시도 자녀에게 좋은 본보기가 되려고 노력하고, 자녀를 따뜻하고 애정 어린 마음으로 대해준다. 사회의 여러 문제로부터 자녀를 보호하고 싶어 하는 한편 자녀의 행동에 문제가 생길 경우에는 좌절감을 느끼기도 한다.

자녀의 경우 평균 지능 지수(IQ)가 높은 편이라 영재성이 발현되기도 한다. 선생님의 관심을 받으면 해당 과목에 대한 성취도가 높아지지만 비판적인 선생님의 과목은 쉽게 포기할 가능성이 있고, 한국의 주입식 교육에 거부 반응을 느껴 이런 환경에서는 학습 성취도가 떨어질 수 있다. 공감 능력이 뛰어나고 정서적인 지지와 공감을 원하기 때문에 실수를 지적하기보다는 칭찬을 통해 자신감을 키워주는 것이 학습에 긍정적인 영향을 미친다.

내적인 신념이 위협받지 않는 한 융통성과 수용력을 보여 잘 적응하지만, 자신의 가치가 위협받을 때는 강하게 저항하는 경향이 있다. 가식적인 태도를 싫어해 가까운 사람들에게 진정성을 보여주려고 노력하고, 포용적인 성향으로 타인을 배려하며 이타적인 면모를 보인다. 다만 친해지는 데에는 시간이 필요한 편이고, 예민한 성향으로 인해 염세주의에 빠질 가능성이 있으니 따뜻한 정서적 지지가 중요하다.

────────── **연애 스타일**

────────── 감수성이 풍부하고 배려심이 깊은 로맨티스트다. 연인과 서로 정서적으로 교감하고 열정적인 사랑을 나누고 싶어 하며, 애정과 책임감이 강해 헌신적인 태도를 보인다. 이상적이고 낭만적인 사랑을 꿈꾸며 상냥하고 다정한 성향의 사람과 잘 어울린다.

상대에게 칭찬을 받고 싶어 하며 장난으로라도 부정적이고 비판적인 언어를 듣게 되면 상처가 남을 수 있다. 하지만 상처를 받더라도 은유적으로 돌려서 표현하는 편이고, 자신의 사랑을 인정하지 못하는 상대에게는 오래 참다가 단호하게 이별을 고한다.

────────── **직업 적성**

────────── 자신이 추구하는 가치관과 도덕관에 부합되

는 일을 선호하며, 자신의 일로 인해 다른 사람에게 긍정적인 영향을 주거나 도움이 되는 것에 만족감을 느낀다.

시끄럽고 산만한 환경보다는 조용하고 차분한 환경에서 일하는 것을 선호하며, 엄격한 위계질서보다는 평등하고 협조적인 분위기에서 능률이 오르는 편이다. 지적과 비판이 잦은 상사 아래에서 일하는 것을 어려워하고 사내 정치가 중요한 분위기에는 적응하기 힘들 수 있다. 동료들과 비교되거나 경쟁이 심한 분야에서도 스트레스를 많이 받는다.

여러 가지 일을 동시에 처리해야 하는 상황보다는 단일 업무에 집중할 때 더욱 능력을 발휘하는데, 완벽하게 처리하려다가 마감 시간을 어기는 일도 종종 있다. 철저한 시간 관리가 필요한 업무에서 어려움을 느끼므로 우선 순위를 설정하면서 계획적으로 작업 시간을 할당하는 방식이 도움이 된다.

작가, 예술가, 디자인 분야, 광고, 홍보, 기획, 상담, 심리, 사회복지사, 정신과 의사, 역학자, PD, NGO, 사회적 기업, 종교인, 배우, 자영업, 사진사, 여행가, 비평가, 출판업, 카운셀러, 컨설턴트, 예술가, 성직자, 선교사, 시인, 화가, 사진 작가, 명상가 등의 직업에 잘 맞는다.

─────── 지나치게 이상만 좇기보다는 실질적이고 객관적인 상황 판단을 통해 현실적인 관점으로 접근하려는 노력이 필요하다. 현실과 사실을 논리적으로 분석하고, 계획부터 세운 뒤에 일을 시작하는 습관을 기르는 것도 추상적인 아이디어를 실질적으로 실행할 수 있는 방법이 될 것이다. 또 자신의 감정을 적극적이고 확실하게 표현하면 자기주장을 하면서도 타인과의 소통을 원활하게 만들어갈 수 있다.

정열적이고
재기발랄한 활동가 ENFP

"당신이 생계를 위해 어떤 일을 하는지는 관심이 없다. 당신이 추구하는 것은 무엇이고 가슴이 시키는 일을 해낼 수 있다고 생각하는지 궁금할 뿐이다."

– 오리아 마운틴 드리머 –

사주명리학 (•포털, 앱 스토어에서 '만세력' 검색 후, 각자의 사주 오행을 확인해보세요.)

무토(戊土) 일간 + 토(土) 비겁 발달 + 화(火) 인성 발달

기토(己土) 일간 + 토(土) 비겁 발달 + 화(火) 인성 발달

병화(丙火) 일간 + 화(火) 비겁 발달 + 토(土) 식상 발달

정화(丁火) 일간 + 화(火) 비겁 발달 + 토(土) 식상 발달

임수(壬水) 일간 + 화(火) 재성 과다 + 금(金) 인성 발달

무토(戊土) 일간 + 수(水) 재성 과다 + 화(火) 인성 발달

갑목(甲木) 일간 + 목(木) 비겁 발달 + 화(火) 식상 발달 + 수(水) 인성 발달

을목(乙木) 일간 + 목(木) 비겁 발달 + 화(火) 식상 발달 + 수(水) 인성 발달

정화(丁火) 일간 + 火비겁 발달 + 土식상 발달

병화(丙火) 일간 + 火비겁 발달 + 土식상 발달

무토(戊土) 일간 + 土비겁 발달 + 火인성 발달

병화(丙火) 일간 + 火비겁 발달 + 土식상 발달

─────────── **유형 분석**

─────────── ENFP는 사주명리학에서 주로 화(火)와 토(土)가 발달한 유형과 유사하며, 이는 밝고 따뜻한 성격과

활발한 에너지, 현실적이고 실용적인 아이디어를 구현하는 성향을 드러낸다. 따뜻함과 생동감을 상징하는 화(火)가 발달한 사람들은 밝은 분위기를 조성하며 주변 사람들에게 친근하게 다가가는 모습을 보인다. 토(土)가 발달한 경우는 관계의 안정성을 중시하는 특성이 더해지고, 토가 식상으로 발달하면 현실적인 접근을 통해 창의적 아이디어를 실현하려는 경향이 보인다. 또한 수(水) 인성과의 조합이 있는 유형은 다른 사람을 이해하고 공감하는 능력을 나타내 인간관계와 조화를 중요시하는 ENFP의 특성을 잘 보여준다.

—————— **성격 특성**

—————— 낙관주의자적 기질을 가진 이 유형은 긍정적이고 낙천적인 에너지를 발산하여 주변 사람들을 즐겁게 해준다. 사람들과의 관계에서 활기를 얻고 소통하기를 좋아하며, 타인에게 관심이 많아 관계 맺는 것을 어려워하지 않는다. 대신 주위 사람들의 호응과 칭찬을 충분히 받지 못하면 의기소침해지는 경향이 있다.

이상주의적이며 엉뚱한 상상을 자주 하고, 자신이 생각해낸 아이디어에 대해 이야기하는 것을 즐긴다. 현실에 얽매이지 않고 새로운 가능성을 탐구하며, 새로운 경험과 가능성에 대해서 마음이 열려 있다. 다만 반복적인 일이나 일상적인 일은 쉽게 지루해하며 꼭 해야 하지만 재미 없는 일에 대해서도 인내심이 부족한 편이다. 대신에 관심 있는 일이라면 적극적이고 빠르게 수행하며 판단력이 좋아 임기응변에 능하다.

───────── 부모 자녀 특성

───────── 이 유형의 부모는 자녀와 친구처럼 지내며, 자녀와의 관계에 적극적이고 함께하는 시간이 많다. 자녀의 마음을 잘 알아차리고 이해해주며 되도록 갈등을 만들지 않으려고 노력하는 편이다. 자녀의 사회생활에 대해서도 많은 관심을 보인다.

자녀의 경우는 외향적이라서 혼자 있기보다 친구들과 함께하는 시간을 좋아하지만 혼자 있는 시간도 즐길 줄 안다. 학교에서 밝은 분위기를 조성하고 친구들과 조화를 잘 이루기 때문에 반에서 긍정적인 유형으로 인기가 많다. 하지만 간혹 자기중심적인 모습으로 주변 친구들에게 '고집이 세다'거나 '성의가 없다'는 이야기를 듣기도 한다.

연애 스타일

열정이 넘치고 활기찬 사랑을 하는 스타일이다. 연인에게 적극적으로 다가가며 뛰어난 공감 능력과 언변으로 마음을 사로잡는다. 고민을 이야기하면 잘 들어주며, 데이트할 때 상대가 지루해하지 않도록 신경 써서 분위기를 밝게 이끌어간다.

직업 적성

직장에서 구성원들의 잠재력을 개발하고, 민주적이고 유연한 접근으로 함께 성장할 수 있도록 이끄는 데 뛰어난 역량을 보인다. 조직 내에서 열정적이고 협력적인 태도를 바탕으로 동료들에게 동기 부여를 하며 인간관계 형성도 중요한 가치로 여긴다. 창의적이고 혁신적인 아이디어를 탐색하는 데 능숙하고, 보고서나 계획서에서도 자유로운 방식으로 새로운 솔루션을 모색하는 도전적인 면모가 있다.

리더십을 발휘할 때도 규칙이나 전통적인 방식보다는 각자 개성을 발휘할 수 있는 환경을 조성한다. 이런 성향은 교육자, 상담가, 사회 복지사, 선생님, PR 전문가, 패션 디자이너, 이벤트 기획자, 영화감독, CEO, 기업가 등의 직업과 잘 어울린다.

프로젝트를 목표 중심으로 진행하기보다 인간관계와 성장을 중시하다 보니, 혁신적인 아이디어를 적극 탐구하는 한편 현실적인 실행과의 간격이 생기기도 한다. 조직 내에서 긍정적인 영향력을 미치는 강점을 유지하면서, 창의적인 아이디어를 성과로 연결하는 효율성에 대해 고려하는 것이 성장에 도움이 될 수 있다.

——————— 보완할 점

——————— 항상 새로운 일에 눈을 돌리기보다 현재 진행 중인 일에 집중하여 마무리하는 능력을 키우는 것이 중요하다. 반복적이고 세부적인 업무에 대한 인내심을 키우고 끈기를 기른다면 성취감을 느낄 수 있는 기회가 더욱 많아질 것이다. 또한 타인의 반응이나 칭찬에 과도하게 신경 쓰기보다는 자신만의 속도로 여유를 가지는 것이 좋다. 과도한 소비는 줄이고 미래를 대비하여 안정적인 삶을 추구할 필요도 있다.

성격 유형론

심리학자 칼 융(Carl Jung)이 제시한 개념으로 추후 MBTI의 중요한 기초 이론이 되었다. 그는 인간의 심리를 설명하기 위해 인간이 세상을 인식하고 반응하는 방식을 크게 두 가지 기준으로 나누었다. 우선 사람의 의식은 상당 부분이 외향성의 태도와 내향성의 태도에 의해 결정되고 있다고 봤는데, 외향적 태도의 소유자는 모든 현실에서 외부 세계를 지향하기에 사교적이며 활동적인 교제를 하게 된다. 내향적 태도의 소유자는 모든 현실에서 내부 세계를 지향하기에 대인 관계가 소극적이고 주관적이며 위축되어 있다. 또한 정보 수집 방식에 따라 합리적 사고 기능을 사고와 감정으로 구분하고, 비합리적인 기능을 감각과 직관으로 구분했는데 이를 심리적 기능(psychological funcion)이라고 한다. 이를 바탕으로 이후 MBTI의 16가지 성격 유형이 만들어졌다.

주역

동양의 고대 철학에서 나온 일종의 점술서다. 주나라 초기에 점을 치던 관리들은 음양의 원리와 역사적 경험을 바탕으로 64개의 괘(卦)와 384개의 효(爻)를 만들었다. '괘'는 하나하나의 상황을 나타내며, 괘를 이루는 효는 6개의 선으로 이루어져 그 상황의 발전 단계를 나타낸다. 처음에는 단순히 점을 치기 위해서 만들어졌지만 이후에는 자연과 인간의 조화와 균형을 해석하기 위한 철학적 도구로서 활용되었다. <주역>에서는 낮과 밤, 계절의 변화처럼 자연이 끊임없이 변화하고 순환하듯 인간의 삶도 이러한 변화에 영향을 받는다고 보았다. 따라서 그러한 변화에 적응하고 조화를 이루며 삶을 설계하기 위한 지혜를 담아내고 있다.

오행

사주명리학에서 우주와 자연의 만물을 목(木), 화(火), 토(土), 금(金), 수(水)의 다섯 가지 요소로 나누어 설명하는 개념이다. 이 각각은 고유한 특성을 갖으며 서로 영향을 주고받는 상생과 상극을 통해 조화를 이룬다. 사주명리학에서는 태어난 날짜와 시간에 따른 사주팔자에서 확인할 수 있는 오행의 상호작용과 균형을 통해 사람의 성격이나 운세 등을 해석한다. 오행을 통해 자신이 바라는 삶을 살아가기 위해서는 어떠한 요소를 보완하거나 강화하며 균형을 맞춰야 하는지 이해할 수 있다.

천간과 지지

사주명리학에서 천간은 하늘의 기운을 나타내며 사람이 태어난 시간에 따라 갑(甲), 을(乙), 병(丙), 정(丁), 무(戊), 기(己), 경(庚), 신(辛), 임(壬), 계(癸)의 10가지로 구성된다. 천간은 주로 외적인 성향을 나타내는데 인생 전반을 아우르는 기운으로 해석할 수 있다. 지지는 땅의 기운을 나타내며 자(子), 축(丑), 인(寅), 묘(卯), 진(辰), 사(巳), 오(午), 미(未), 신(申), 유(酉), 술(戌), 해(亥)의 12가지로 구성된다.

성격 유형 조견표

성명학에서 성격 유형 조견표는 이름의 한자 획수와 음양오행을 바탕으로 그 사람의 성격과 기질, 운세 등의 특성을 정리한 표를 말한다. 먼저 표에서 태어난 해의 천간과 지지를 확인하고, 이름의 획수가 짝수인지 홀수인지와 한글 이름자의 발음을 확인한다. 자신의 이름이 해당하는 요소가 표에서 교차되는 지점이 육친이 된다. 이를 통해 이름이 개인의 삶에 미치는 영향을 이해하고 삶을 개선하는 데 도움이 되는 요소로 활용할 수 있다.

1. 기본 정보 준비하기

만세력을 확인하기 위해서는 자신이 태어난 연월일시를 알아야 한다. 생일은 보통 양력으로 기록하지만 만세력은 절기를 기준으로 계산되고 절입 시점을 기준으로 확인하게 된다.

2. 만세력 표 확인하기

만세력은 표를 통해 확인하는데, 요즘에는 인터넷이나 앱에서 제공하는 서비스를 통해 쉽게 찾아볼 수 있다. 자신이 알고 있는 양력 날짜를 입력해도 만세력에 필요한 형식의 날짜로 자동 변환된다.

예) 포스텔러 만세력 : https://pro.forceteller.com

3. 연주, 월주, 일주, 시주 찾기

만세력을 통해 자신의 연주, 월주, 일주, 시주를 찾을 수 있다. 네 개의 '주'를 통해 해석하기 때문에 '사주'라고 하는 것이다. 연주는 태어난 해의 간지, 월주는 태어난 달의 간지, 일주는 태어난 날의 간지, 시주는 태어난 시간의 간지를 말한다. 만세력은 네 개의 기둥으로 구성되어 있는데, 각 연월일시에 해당하는 천간과 지지를 확인하면 된다. 예를 들어 아래 만세력 표에서 연주는 '기사(己巳)', 월주는 '병자(丙子)', 일주는 '기유(己酉)', 시주는 '경오(庚午)'가 되는 것이다.

	시주(時柱)	일주(日柱)	월주(月柱)	연주(年柱)
천간(天干)	경(庚)	기(己)	병(丙)	기(己)
지지(地支)	오(午)	유(酉)	자(子)	사(巳)

4. 오행 확인하기

연월일시의 천간과 지지에 따라 오행 분포표를 확인하면 오행의 비율도 쉽게 알 수 있다. 다만 일반적으로 온라인에서 만세력 사이트를 이용하면 오행의 분포가 자동으로 나오니 이를 참고하면 자신에게 부족하거나 강한 오행을 확인할 수 있다.

KI신서 13310
더 피플

1판 1쇄 인쇄 2025년 1월 16일
1판 1쇄 발행 2025년 2월 5일

지은이 김동완
펴낸이 김영곤
펴낸곳 ㈜북이십일 21세기북스

인생명강팀장 윤서진 **인생명강팀** 박강민 유현기 황보주향 심세미 이수진
디자인 *Studio* Weme
출판마케팅팀 남정한 나은경 최명열 한경화 권채영
영업팀 변유경 한충희 장철용 김영남 강경남 황성진 김도연
제작팀 이영민 권경민

출판등록 2000년 5월 6일 제1406-2003-061호
주소 (10881) 경기도 파주시 회동길 201 (문발동)
대표전화 031-955-2100 **팩스** 031-955-2151 **이메일** book21@book21.co.kr

(주)북이십일 경계를 허무는 콘텐츠 리더

21세기북스 채널에서 도서 정보와 다양한 영상자료, 이벤트를 만나세요!
페이스북 facebook.com/jiinpill21   **포스트** post.naver.com/21c_editors
인스타그램 instagram.com/jiinpill21 **홈페이지** www.book21.com
유튜브 youtube.com/book21pub

서울대 가지 않아도 들을 수 있는 명강의! 〈서가명강〉
'서가명강'에서는 〈서가명강〉과 〈인생명강〉을 함께 만날 수 있습니다.
유튜브, 네이버, 팟캐스트에서 '서가명강'을 검색해보세요!

ⓒ 김동완 2025
ISBN 979-11-7357-020-9 04300
        978-89-509-9470-9 (세트)

심리

권일용 저 | 『내가 살인자의 마음을 읽는 이유』
권수영 저 | 『관계에도 거리두기가 필요합니다』
한덕현 저 | 『집중력의 배신』

경제

김영익 저 | 『더 찬스 The Chance』
한문도 저 | 『더 크래시 The Crash』
김두얼 저 | 『살면서 한번은 경제학 공부』

과학

김범준 저 │『내가 누구인지 뉴턴에게 물었다』
김민형 저 │『역사를 품은 수학, 수학을 품은 역사』
장이권 저 │『인류 밖에서 찾은 완벽한 리더들』

인문／사회

김학철 저 │『허무감에 압도될 때, 지혜문학』
정재훈 저 │『0.6의 공포, 사라지는 한국』
권오성 저 │『당신의 안녕이 기준이 될 때』

고전／철학

이진우 저 │『개인주의를 권하다』
이욱연 저 │『시대를 견디는 힘, 루쉰 인문학』
이시한 저 │『아주 개인적인 군주론』